D1927291

METROPOLITAN

In der gleichen Reihe erschienen:

Stiftungs-Ideen
ISBN 3-89623-243-6

Steueroasen
ISBN 3-89623-242-8

Wem gehört was in Europa?
ISBN 3-89623-241-X

Finanznachrichten für Anleger
ISBN 3-89623-143-X

Kapitaltransfer ins Ausland
ISBN 3-89623-179-0

Traumhaus an der Sonne
ISBN 3-89623-158-8

Schneller reich mit Aktien
ISBN 3-89623-177-4

Spare und investiere richtig – werde Millionär!
ISBN 3-89623-196-0

Wolfgang Benzel · Eduard Wolz

Praxis-Ratgeber Unternehmenssteuerreform

Für clevere Unternehmer:
Chancen langfristig nutzen

Metropolitan Verlag

Die Deutsche Bibliothek – CIP-Einheitsaufnahme

Benzel, Wolfgang:
Praxis-Ratgeber Unternehmenssteuerreform :
Für clevere Unternehmer: Chancen langfristig nutzen /
Wolfgang Benzel/Eduard Wolz. – Düsseldorf ; Berlin :
Metropolitan-Verl., 2001
(Metropolitan Geld & Börse)
ISBN 3-89623-247-9 (Metropolitan-Verl.)
ISBN 3-8029-0247-5 (Walhalla-Fachverl.)

Zitiervorschlag:
Wolfgang Benzel/Eduard Wolz,
Praxis-Ratgeber Unternehmenssteuerreform
Düsseldorf, Berlin 2001

Hinweis: Unsere Werke sind stets bemüht, Sie nach bestem Wissen zu informieren. Die vorliegende Ausgabe beruht auf dem Stand von Januar 2001. Verbindliche Auskünfte holen Sie gegebenenfalls bei Ihrem Bank- bzw. Steuerberater oder Rechtsanwalt ein.

Umschlaggestaltung: Gruber & König, Augsburg
Druck und Bindung: Westermann Druck Zwickau GmbH
Printed in Germany
ISBN 3-89623-247-9 (Metropolitan Verlag)
ISBN 3-8029-0247-5 (Walhalla Fachverlag)

Schnellübersicht

Steuerweichen jetzt neu stellen!

Am 14. Juli hat der Bundesrat der Steuerreform nach zähem Ringen letztendlich mit großer Mehrheit zugestimmt und damit das Ziel, noch vor der Sommerpause zu einem Abschluss des Gesetzgebungsverfahrens zu kommen, erreicht. Lediglich die quasi in letzter Sekunde gegebenen Zugeständnisse an die Bundesländer und die Opposition, beispielsweise den Spitzensteuersatz doch noch um einen weiteren Prozentpunkt zu senken, erfordern ein weiteres Gesetzgebungsverfahren.

Damit hat eine Diskussion ein vorläufiges Ende gefunden, welche bereits seit Jahren im politischen Alltag der Bundesrepublik Deutschland einen hohen, wenn nicht gar beherrschenden Stellenwert eingenommen hat.

Jährliche Entlastungen

Das „Steuersenkungsgesetz", so der offizielle Name des Reformprojektes, tritt zum 01.01.2001 in Kraft und bringt einschließlich der Nachbesserungen in seiner Endstufe im Jahr 2005 jährliche Entlastungen von circa 60 Milliarden DM. Damit wurde ein Volumen erreicht, welches vielfach nicht für möglich gehalten wurde.

Die Börse als eines der ersten „Stimmungsbarometer" reagierte mit entsprechenden Kursgewinnen positiv auf die Bundesratsentscheidung, erwartet man in den kommenden Jahren doch erhebliche Investitionssteigerungen. Darüber hinaus war aus den unterschiedlichsten Richtungen viel Lob zu hören.

Doch nicht nur positive Stimmen sind zu vernehmen. Nach wie vor wird erhebliche Kritik an dem Reformwerk geäußert.

Steuersenkungsgesetz – eine Chance für alle?

Einer der größten Kritikpunkte ist dabei die Ungleichbehandlung zwischen Personen- und Kapitalgesellschaften und die Tatsache, dass von einer Steuervereinfachung auch in Zukunft nicht die Rede sein kann.

Es bleibt zu hoffen, dass nach dem Gesetzeschaos der vergangenen Jahre, nach den Steuerbereinigungsgesetzen insbesondere verursacht durch das Steuersenkungsgesetz 1999/2000/2002, für die nächsten Jahre etwas mehr Ruhe an dieser hart umkämpften Front herrschen wird.

Sowohl für die Steuerzahler in ihren vielfältigen Erscheinungsformen als auch für deren Berater ist eine Situation erreicht, welche nicht mehr überschaubar ist. Zu viel Produktivkraft wird für die Beschäftigung mit Gesetzen und deren Änderungen und in der Folge mit möglichen Gestaltungen investiert, was uns nicht weiter bringt.

Ziel dieses Buches

Das vorliegende Buch zeigt in einem ersten Überblick die maßgeblichen Gesetzesänderungen auf. Sie können sich anhand dieser Übersicht orientieren und feststellen, inwieweit Sie in dem einen oder anderen Punkt betroffen sind und ob eventuell Handlungsbedarf besteht.

Im Gegensatz zu bisherigen Änderungen bei den Steuergesetzen sind im Wesentlichen die Steuertarife und einige andere Punkte betroffen, welche als solche keiner weiteren Erläuterung bedürfen.

Alle mehr oder weniger erklärungsbedürftigen Punkte sind im dritten Kapitel näher dargestellt und, wenn möglich, mit entsprechenden Gestaltungshinweisen versehen.

Vorgeschaltet ist das zweite Kapitel, in welchem die grundsätzlichen Wirkungen der Steuerreform dargestellt und erläutert werden. Anhand verschiedener Berechnungen können Sie nachvollziehen, inwieweit Sie in den nächsten Jahren profitieren werden.

Im vierten Kapitel sind alle relevanten Änderungen im Einkommensteuergesetz zusammengefasst, die für Ihre Unternehmenspraxis entscheidend sind.

Das fünfte Kapitel beinhaltet die wichtigsten Änderungen des Steuerentlastungsgesetzes 1999/2000/2002. Als Unternehmer müssen Sie das Gesamtpaket betrachten, um die Steuergesetze und deren Auswirkungen richtig beurteilen zu können. Lesen Sie, wie Sie Nischen nutzen und wirkungsvolle Strategien entwickeln, um den steuerlichen Gewinn zu minimieren.

Abschließend im sechsten Kapitel finden Sie die zukünftigen Steuertabellen abgedruckt.

Per Mausklick zur Unternehmenssteuerreform

Sämtliche Tabellen und Grafiken können im Internet jederzeit abgerufen werden: www.bundesfinanzministerium.de.

Wir wünschen viel Spaß bei der Lektüre und hoffen, dass das Steuersenkungsgesetz und das Steuerentlastungsgesetz auch für Sie seinen Namen verdient.

Wolfgang Benzel
Eduard Wolz

Abkürzungen

AO	Abgabenordnung
EK	Eigenkapital
ESt	Einkommensteuer
EStG	Einkommensteuergesetz
GewSt	Gewerbesteuer
KapSt	Kapitalertragsteuer
KSt	Körperschaftsteuer
KStG	Körperschaftsteuergesetz
LSt	Lohnsteuer
SolZ	Solidaritätszuschlag
StSenkG	Steuersenkungsgesetz
USt	Umsatzsteuer
UStG	Umsatzsteuergesetz
v. H.	vom Hundert
zvE	zu versteuerndes Einkommen

Die Steuerreform im Überblick

1

1. Prüfen Sie, ob Sie betroffen sind

Mit Hilfe der folgenden Tabelle können Sie sich einen Überblick über die wesentlichen Änderungen in den einzelnen Steuergesetzen verschaffen. Zudem ist die Übersicht als Leitfaden dienlich, um die besonders interessanten Themen schnell finden zu können.

Nicht aufgenommen wurde die vorgesehene Änderung der AfA-Tabellen, da dies außerhalb des Gesetzes geschieht.

Wichtig: Es ist geplant, die Nutzungsdauern von Wirtschaftsgütern zu verlängern, was grundsätzlich zu niedrigeren Abschreibungen in den einzelnen Wirtschaftsjahren führt. Der Fiskus erhält hierdurch letztendlich einen Zinsvorteil, die Unternehmen dementsprechend einen Zinsnachteil.

Das sollten Sie wissen!

Das deutsche Steuerrecht gehört zu einem der komplizierteren Steuersysteme und wir erachten es als sinnvoll, einige grundsätzliche Ausführungen zu den Gesetzen zu machen, welche durch das Steuersenkungsgesetz geändert werden.

An erster Stelle ist hier die **Abgabenordnung** zu nennen. Sie ist das Grundgesetz des deutschen Steuerrechts und steht insofern über den Einzelsteuergesetzen. In der Abgabenordnung ist beispielsweise geregelt, was Steuern sind, wer Steuerpflichtiger ist und bei welchem Finanzamt die Steuererklärung einzureichen ist.

Aber auch was steuerbegünstigte Zwecke im Sinne des Spendenrechts sind, wer für eine Steuer haftet oder wie das Besteuerungsverfahren durchgeführt wird, ist in der Abgabenordnung geregelt. Darüber hinaus finden sich Vorschriften zur Steuererhebung, zu außergerichtlichen Rechtsmitteln als auch zum Steuerstrafrecht.

Achtung: An Einzelsteuergesetzen werden durch das Steuersenkungsgesetz das Einkommensteuergesetz, Körperschaftsteuergesetz sowie Umsatzsteuergesetz berührt.

Das **Einkommensteuergesetz** regelt, wie die Besteuerung des Einkommens von natürlichen Personen vorzunehmen ist. Es untergliedert sich in die Kapitel: Steuerpflicht/Einkommen/Veranlagung/Steuerermäßigungen/Steuererhebung/Besteuerung beschränkt Steuerpflichtiger/Sonstige Vorschriften, Bußgeld-, Ermächtigung- und Schlussvorschriften/Kindergeld.

Das **Körperschaftsteuergesetz** ist nichts anderes als das Einkommensteuergesetz der Körperschaften, also der nichtnatürlichen Personen. Beispiele für steuerpflichtige Personen im Sinne des Körperschaftsteuergesetzes sind Aktiengesellschaften, Gesellschaften mit beschränkter Haftung, Vereine oder Stiftungen. Bei der Ermittlung des zu versteuernden Einkommens nutzt das Körperschaftsteuerrecht das Einkommensteuergesetz, indem die darin enthaltenen Vorschriften auch für die Einkommensermittlung einer Körperschaft gelten.

Gegenstand der Besteuerung nach dem **Umsatzsteuergesetz** ist nicht das Einkommen, sondern der „Mehrwert", welcher auf den verschiedenen Ebenen des wirtschaftlichen Handelns geschaffen wird. Der Begriff „Mehrwertsteuer", den es in dieser Form im deutschen Umsatzsteuergesetz gar nicht gibt, leitet sich hieraus ab. Mit der Umsatzsteuer wird letztendlich nur der Endverbraucher wirtschaftlich belastet. Der Unternehmer, welcher Umsatzsteuer an das Finanzamt abführen muss hat diese, zumindest in der Intention des Gesetzgebers, auf seinen „Nettopreis" vorher daraufgeschlagen.

Der Unternehmer, welcher an einen anderen Unternehmer Umsatzsteuer zahlt, kann diese von seiner eigenen Steuerschuld als so genannte Vorsteuer wieder abziehen und wird damit vollkommen entlastet.

2. Checkliste: Wesentliche Änderungen

Prüfkriterien	
Maßnahme	**Gesetzliche Grundlage**
Einkommensteuergesetz (EStG)	
Regelung, dass insbesondere die Einnahmen aus Dividenden (§ 20 Abs. 1 Nrn. 1 und 2 EStG) und damit wirtschaftlich vergleichbare Einnahmen nur noch zur Hälfte bei der Ermittlung des zu versteuernden Einkommens erfasst werden (so genanntes Halbeinkünfteverfahren). Eine Anrechnung von Körperschaftsteuer wird zukünftig nicht mehr vorgenommen.	**§ 3 Nr. 40 EStG**
Aufwendungen, welche mit solchen Betriebsvermögensmehrungen, Einnahmen oder Veräußerungspreisen im Zusammenhang stehen, die nach § 3 Nr. 40 EStG nur noch zur Hälfte angerechnet werden, werden ebenfalls nur noch zur Hälfte als Betriebsausgaben oder Werbungskosten berücksichtigt.	**§ 3 c EStG**
Wiedereinführung der Regelungen des so genannten Mitunternehmererlasses. Die Beibehaltung des Buchwertes bei der Überführung eines Wirtschaftsgutes gilt auch bei Übertragungen zwischen den Betriebsvermögen von Gesellschaften und den Mitunternehmern.	**§ 6 Abs. 5 S. 3 EStG**

Anwendungszeitraum	Bemerkungen
Nach § 52 Abs. 4a EStG: § 3 Nr. 40 ist erstmals anzuwenden für 1. Gewinnausschüttungen, auf die bei der ausschüttenden Körperschaft der … aufgehobene vierte Teil des Körperschaftsteuergesetzes nicht mehr anzuwenden ist; für die übrigen in § 3 Nr. 40 genannten Erträge im Sinne des § 20 gilt Entsprechendes; 2. Erträge, die aus der Veräußerung von in § 3 Nr. 40 genannten Anteilen erzielt werden, die nach Ablauf des ersten nach dem 31.12.2000 endenden Wirtschaftsjahres der Gesellschaft erfolgen, deren Anteile veräußert werden.	
Nach § 52 Abs. 8a: § 3 c Abs. 2 ist erstmals auf Aufwendungen anzuwenden, die mit Erträgen im wirtschaftlichen Zusammenhang stehen, auf die § 3 Nr. 40 erstmals anzuwenden ist.	
Für Übertragungen ab 2001	

noch: Prüfkriterien

Maßnahme	**Gesetzliche Grundlage**
Die degressive Absetzung für Abnutzung für nach dem 31.12.2000 angeschaffte oder hergestellte bewegliche Wirtschaftsgüter des Anlagevermögens wird auf das Zweifache der linearen AfA, jedoch maximal auf 20% der Anschaffungs- oder Herstellungskosten, begrenzt (bislang das Dreifache und maximal 30%). Zudem ist es ab 2001 geplant, außerhalb des Gesetzestextes eine Verlängerung der Nutzungsdauern für Wirtschaftsgüter einzuführen (Änderung der amtlichen AfA-Tabellen).	**§ 7 Abs. 2 EStG**
Die lineare AfA für Wirtschaftsgebäude (Gebäude, die zu einem Betriebsvermögen gehören und nicht Wohnzwecken dienen) wird von bislang 4% auf nunmehr 3% herabgesetzt.	**§ 7 Abs. 4 EStG**
Minderung der Ansparabschreibung auf 40% der voraussichtlichen Anschaffungskosten	**§ 7 g EStG**
Der Verlustrücktrag wird auf 1 Mio. DM begrenzt.	**§ 10 d EStG**
Der Freibetrag für Gewinne aus der Veräußerung von Unternehmen wird von derzeit 60 000,– DM auf 100 000,– DM erhöht.	**§ 16 Abs. 4 EStG**
Die „Wesentlichkeitsgrenze" bei Anteilen an Kapitalgesellschaften wird von bislang 10% auf 1% gesenkt.	**§ 17 Abs. 1 EStG**

Anwendungszeitraum	Bemerkungen
Für Wirtschaftsgüter, die nach dem 31.12.2000 angeschafft werden.	
Auf Gebäude anzuwenden, die nach dem 31.12.2000 angeschafft werden oder bei denen der Bauantrag nach diesem Stichtag gestellt wird bzw. die Bauunterlagen eingereicht werden.	
2001	
2001	
2001	
Für Veräußerungen, die nach Ablauf des ersten nach dem 31.12.2000 endenden Wirtschaftsjahres erfolgen.	

noch: Prüfkriterien

Maßnahme	**Gesetzliche Grundlage**
Bezüge, die von nicht steuerbefreiten Körperschaften, Personenvereinigungen oder Vermögensmassen i. S. d. § 1 KStG stammen, werden auf der Ebene des Empfängers nach den Grundsätzen des Halbeinkünfteverfahrens zur Hälfte erfasst. Hierdurch wird die Gleichstellung mit voll steuerpflichtigen Bezügen von steuerbefreiten Körperschaften erreicht.	**§ 22 EStG**
Der Betrag der eigenen Einkünfte und Bezüge eines Kindes, für welches der Kinderfreibetrag oder Kindergeld beansprucht wird, erhöht sich für die Veranlagungszeiträume 2003 und 2004 auf 14 040,– DM und ab 2005 auf 14 520,– DM.	**§ 32 Abs. 4 EStG**
Der ursprünglich für 2002 geplante Einkommensteuertarif hat bereits ab 2001 Gültigkeit. Dabei wird der Grundfreibetrag von 13 499,– DM/26 998,– DM auf nunmehr 14 093,– DM/ 28 186,– DM angehoben. Gleichzeitig wird der Eingangssteuersatz von 22,9% auf 19,9% und der Höchststeuersatz von 51% auf 48,5% gesenkt.	**§ 32 a EStG**
Anhebung des Grundfreibetrages auf 14.525,– DM/29 050,– DM und Absenkung des Eingangssteuersatzes auf 17% und des Spitzensteuersatzes auf 47%.	**§ 32 a EStG**
Anhebung des Grundfreibetrages auf 15 011,– DM/30 022,– DM und Absenkung des Eingangssteuersatzes auf 15% und des Spitzensteuersatzes auf 42%.	**§ 32 a EStG**

Anwendungszeitraum	Bemerkungen
2001	
2003 2005	
2001	
2003	
2005	

noch: Prüfkriterien

Maßnahme	Gesetzliche Grundlage
Stufenweise Umstellung des bisherigen Einkommensteuertarifs auf DM-Basis auf einen Einkommensteuertarif auf EURO-Basis ohne Tabellenstufen	**§ 32 a Abs. 4 u. 5 EStG**
Außerordentliche ausländische Einkünfte, die nach einem Doppelbesteuerungsabkommen steuerfrei sind, werden zu einem Fünftel beim Progressionsvorbehalt berücksichtigt und somit auch in die Berechnung der Steuerermäßigung nach § 34 EStG für inländische außerordentliche Einkünfte einbezogen.	**§ 32 b Abs. 2 Nr. 2 EStG**
Die Tarifbegrenzung für gewerbliche Einkünfte entfällt.	**§ 32 c EStG**
Die Erhöhung des Existenzminimums auf 14 040,– DM wird berücksichtigt.	**§ 33 a EStG**
Wiedereinführung des halben Steuersatzes für den Gewinn aus der Veräußerung eines Betriebes. Diese Vergünstigung wird nur einmal im Leben gewährt.	**§ 34 EStG**
Die Unwiderruflichkeit auf ermäßigte Besteuerung wird aufgehoben.	**§ 34 Abs. 1 EStG**
Im Rahmen des Halbeinkünfteverfahrens nach § 3 Nr. 40 EStG begünstigte Einkünfte werden von der ermäßigten Besteuerung nach § 34 EStG ausgenommen.	**§ 34 Abs. 2 EStG**

Anwendungszeitraum	Bemerkungen
2001	
Für Gewinne, die in einem Wirtschaftsjahr erwirtschaftet werden, welches nach dem 31.12.2000 beginnt.	
2000	
2001	
Veranlagungszeitraum 1999	
Entsprechend der Regelung zu § 3 Nr. 40 EStG	

noch: Prüfkriterien

Maßnahme	**Gesetzliche Grundlage**
Der 1,8-fache Betrag des Gewerbesteuer-Messbetrages bei Personenunternehmen wird auf die Einkommensteuerschuld beim Anteilseigner angerechnet. Bei Mitunternehmerschaften wird die Ermäßigung anteilig gewährt.	**§ 35 Abs. 1 EStG**
Um Missbräuchen vorzubeugen, wird bei gewerbesteuerlichen Organschaften der Gewerbesteuer-Messbetrag aufgeteilt. Hierdurch sind Einkünfte aus Gewerbebetrieb von Kapitalgesellschaften, die im Rahmen der GewSt auf Grund einer gewerbesteuerlichen Organschaft mit dem Gewerbeertrag des Organträgers zusammengerechnet werden, nicht begünstigt.	**§ 35 Abs. 2 EStG**
Obwohl im Rahmen des Halbeinkünfteverfahrens nur die hälftigen Dividenden als Einnahmen erfasst werden, kann dennoch die volle auf die Dividenden angefallene und entrichtete Kapitalertragsteuer angerechnet werden.	**§ 36 Abs. 2 S. 2 Nr. 2 EStG**
Die Verpflichtung zur Aufstellung und Bekanntmachung von Lohnsteuertabellen wird aufgehoben.	**§ 38 c EStG**
Die Kapitalertragsteuerpflicht wird ausgeweitet auf die neuen Nummern 9 und 10 des § 20 Abs. 1 EStG.	**§ 43 EStG**
Die Kapitalertragsteuer auf Dividenden beträgt 20% der tatsächlichen Dividende, also auch einschließlich des nach § 3 Nr. 40 EStG steuerfreien Betrages.	**§ 43 a EStG**

Anwendungszeitraum	**Bemerkungen**
Für Gewinne, die in einem Wirtschaftsjahr erwirtschaftet werden, welches nach dem 31.12.2000 beginnt.	
Wie vor	
Wie vor	
Für auf Gewinnen beruhende Ausschüttungen, die in Wirtschaftsjahren erwirtschaftet werden, die nach dem 31.12.2000 beginnen.	
Wie vor	

noch: Prüfkriterien

Maßnahme	**Gesetzliche Grundlage**
In den Fällen des § 20 Abs. 1 Nr. 10 EStG beträgt die Kapitalertragsteuer 10%.	
Der Ausschluss der ausschüttungsbedingten Teilwertabschreibung wird abgeschafft.	**§ 50 c EStG**
Körperschaftsteuergesetz (KStG)	
Alle Vergütungen für Fremdkapital an wesentlich beteiligte Gesellschafter, die im Inland nicht der Besteuerung unterliegen, werden als verdeckte Gewinnausschüttungen erfasst, wenn 1. die Vergütung gewinn- oder umsatzabhängig ist oder 2. der so genannte „safe haven" nicht erreicht wird. Hierbei wird der „safe haven" für die Verzinsung vom bisherigen Verhältnis des Fremdkapitals zum anteiligen Eigenkapital des Anteilseigners von 1:3 auf 1:1,5 zusammengestrichen.	**§ 8 a Abs. 1 KStG**
Der „safe haven" für Holdinggesellschaften wird vom Verhältnis 1:9 auf 1:3 heruntergefahren.	**§ 8 a Abs. 4 KStG**
Inländische und ausländische Bezüge i. S. d. § 20 Abs. 1 Nr. 1, 2 und 9 EStG bleiben bei der Einkommensermittlung außer Ansatz.	**§ 8 b Abs. 1 KStG**
Gewinne aus der Veräußerung einer Beteiligung werden steuerfrei gestellt, wenn sie mindestens 1 Jahr im Betriebsvermögen gehalten wurden.	**§ 8 b Abs. 2 KStG**

Anwendungszeitraum	Bemerkungen
2001	
2001	
2001	
2001	
2002	

noch: Prüfkriterien

Maßnahme	Gesetzliche Grundlage
Veräußerungsverluste und Teilwertabschreibungen auf eine Beteiligung i. S. d. Abs. 2 bleiben ebenfalls außer Ansatz und mindern das Einkommen nicht. Im Gegenzug bleiben Zuschreibungen steuerfrei, sofern sich eine frühere Teilwertabschreibung nicht steuermindernd ausgewirkt hat.	**§ 8 b Abs. 3 KStG**
Die in Abs. 2 genannten Steuerbefreiungen gelten in den in Abs. 4 genannten Fällen ausdrücklich nicht.	**§ 8 b Abs. 4 KStG**
Aufwendungen im Zusammenhang mit den genannten steuerfreien Einnahmen dürfen entsprechend der Regelung des § 3 c EStG nicht gewinnmindernd berücksichtigt werden.	**§ 8 b Abs. 5 KStG**
Die Addition von unmittelbaren und mittelbaren Beteiligungen wird bei der finanziellen Eingliederung im Rahmen einer körperschaftsteuerlichen Organschaft zugelassen.	**§ 14 Nr. 1 KStG**
Bei der körperschaftsteuerlichen Organschaft entfallen die Tatbestandsmerkmale der organisatorischen und wirtschaftlichen Eingliederung. Hierdurch ergeben sich Auswirkungen auf die gewerbesteuerliche, nicht jedoch auf die umsatzsteuerliche Organschaft.	**§ 14 Nr. 2 KStG**
Eine Organgesellschaft hat bei Leistung von Ausgleichszahlungen an außenstehende Anteilseigner diese in Höhe von 3/4 der Zahlung selbst zu versteuern.	**§ 16 KStG**

Anwendungszeitraum	Bemerkungen
2001	
2001	
2001	
2001	
2001	
2001	

noch: Prüfkriterien

Maßnahme	Gesetzliche Grundlage
Der Steuersatz der Körperschaftsteuer wird von bislang 40% auf nunmehr 25% gesenkt. Der Steuersatz gilt unabhängig davon, ob die Gewinne ausgeschüttet oder thesauriert werden.	**§ 23 Abs. 1 KStG**
Werden Einlagen nicht in das Nennkapital geleistet, so müssen diese auf einem besonderen Konto gebucht und bei Ausschüttung entsprechend bescheinigt werden. Im Falle der Ausschüttung ist eine bestimmte Verwendungsreihenfolge zu berücksichtigen.	**§ 27 KStG**
Werden Beträge aus der Gewinnrücklage in Nennkapital umgewandelt, so werden diese besonders aufgezeichnet. Eine Rückzahlung dieser Beträge bei einer Kapitalherabsetzung gilt als vorab verwendet und stellt beim Empfänger Einnahmen aus Kapitalvermögen dar, welche dem Halbeinkünfteverfahren unterworfen werden.	**§ 28 KStG**
Die bisher im § 54 KStG normierten Anwendungsvorschriften werden auf § 34 KStG vorgezogen. Es wird bestimmt, dass die erstmalige Anwendung des Gesetzes der Veranlagungszeitraum 2001 ist. Bei abweichenden Wirtschaftsjahren gilt das Gesetz erstmals für das Wirtschaftsjahr, welches nach dem 31.12.2001 endet.	**§ 34 KStG**

Anwendungszeitraum	Bemerkungen
2001	
2001	
2001	
2001	

noch: Prüfkriterien

Maßnahme	**Gesetzliche Grundlage**
In den §§ 36 bis 38 wird festgelegt, wie in Zukunft das Eigenkapital zu gliedern ist.	**§§ 36 bis 38 KStG**
Umsatzsteuergesetz (UStG)	
Elektronische Rechnungen mit digitaler Signatur werden als Rechnungen i. S. d. Umsatzsteuergesetzes anerkannt.	**§ 14 Abs. 4 UStG**
Abgabenordnung (AO)	
Die Finanzverwaltung wird ermächtigt, im Rahmen von Außenprüfungen Einsicht in gespeicherte Daten des Unternehmens zu nehmen.	**§§ 146, 147 und 200 AO**

Anwendungszeitraum	Bemerkungen
2001	
2001	
2002	

Was bringt die Steuerreform an Entlastungen?

2

1. Welche Vergünstigungen gibt es?

Das Entscheidende bei der Diskussion um die Steuerreform ist die Beantwortung der Frage, was letztendlich unterm Strich an Vergünstigungen übrig bleibt.

Zunächst einmal ist festzustellen, dass die Steuersätze sowohl im einkommensteuerlichen als auch im körperschaftsteuerlichen Bereich sinken werden.

Während die Körperschaftsteuer von derzeit 40 % auf 25 % im Jahr 2001 sinkt, werden bei der Einkommensteuer in mehreren Stufen der Eingangssteuersatz auf 15 % und der Spitzensteuersatz auf 42 % gesenkt. Gleichzeitig steigt der Grundfreibetrag von 13 499,– DM im Jahr 2000 auf 15 011,– DM im Jahr 2005.

Steuerpolitische Gesamtstrategie der Bundesregierung: Konsequente Steuersenkung in kalkulierbaren Stufen von 1998 bis 2005

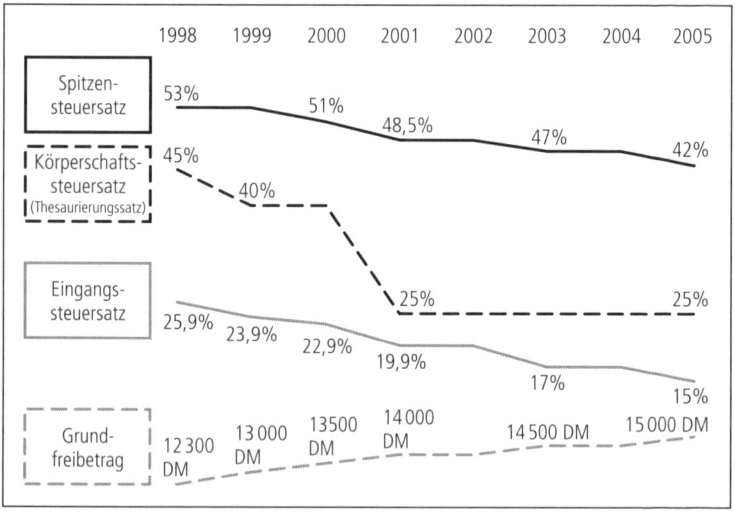

Abdruck mit freundlicher Genehmigung des Bundesfinanzministeriums

Die Grafik auf Seite 34 zeigt auf, wie sich die verschiedenen Steuersätze seit 1998 entwickelt haben und wie sich der Trend zu sinkenden Steuersätzen in Zukunft weiter fortsetzen wird.

Hierdurch ergibt sich für alle Einkommensteuerzahler insgesamt eine Abflachung der Progression, welche mit einer entsprechenden Steuerminderung einhergeht.

Die nachfolgende Abbildung zeigt die Belastungsquote bei unterschiedlichen Einkommenshöhen des Jahres 1998 im Vergleich zum Jahr 2005 auf.

Drastische Senkung der Steuerbelastung des Gewinns von Personenunternehmen von 1998 bis 2005

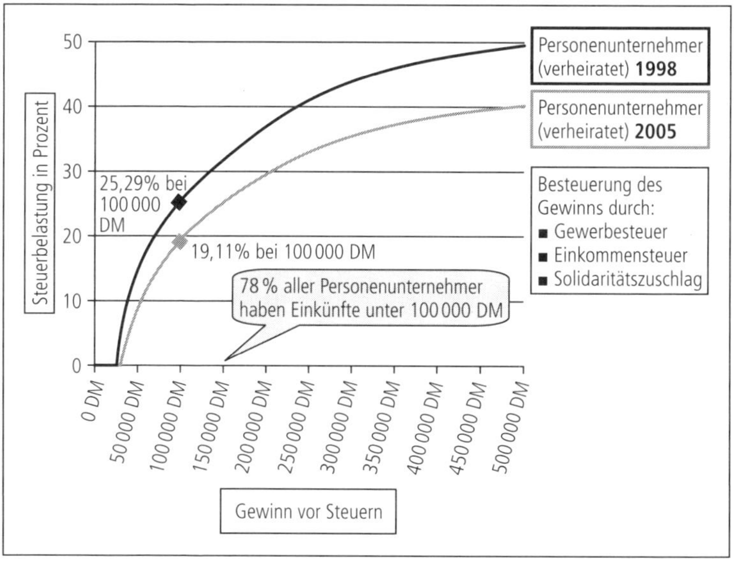

Abdruck mit freundlicher Genehmigung des Bundesfinanzministeriums

Wie sich die Tarifänderungen im Einzelnen für Sie persönlich auswirken, ist aus der folgenden Übersicht ersichtlich:

2. Auf einen Blick: Steuerersparnis gegenüber 2000

Zu versteuerndes Einkommen	Grundtabelle Steuern 2000	Grundtabelle Steuerersparnis gegenüber 2000: 2001	2003	2005	Splittingtabelle Steuern 2000	Splittingtabelle Steuerersparnis gegenüber 2000: 2001	2003	2005
20 000	1 599	289	559	733	0	0	0	0
30 000	4 297	490	820	1 113	703	333	555	703
40 000	7 263	675	1 003	1 447	3 199	578	1 117	1 467
50 000	10 496	843	1 169	1 813	5 815	782	1 435	1 913
60 000	14 015	995	1 328	2 228	8 595	981	1 639	2 225
70 000	17 783	1 127	1 460	2 661	11 511	1 172	1 837	2 561
80 000	21 818	1 243	1 574	3 129	14 527	1 351	2 007	2 893
90 000	26 120	1 341	1 671	3 628	17 711	1 524	2 185	3 261
100 000	30 689	1 422	1 749	4 161	20 993	1 687	2 337	3 627
110 000	35 551	1 493	1 909	4 841	24 445	1 842	2 503	4 035
120 000	40 617	1 714	2 279	5 710	28 031	1 990	2 655	4 455
130 000	45 712	1 963	2 674	6 606	31 713	2 127	2 783	4 871
140 000	50 807	2 213	3 070	7 502	35 567	2 255	2 919	5 323
150 000	55 902	2 463	3 467	8 397	39 513	2 374	3 025	5 769
160 000	60 997	2 713	3 862	9 293	43 637	2 486	3 149	6 257
170 000	66 119	2 963	4 278	10 210	47 895	2 589	3 263	6 761
180 000	71 214	3 212	4 675	11 106	52 241	2 683	3 341	7 255
190 000	76 309	3 462	5 070	12 002	56 767	2 768	3 439	7 795
200 000	81 404	3 712	5 465	12 898	61 379	2 844	3 497	8 321
210 000	86 499	3 962	5 863	13 793	66 173	2 911	3 597	8 963
220 000	91 621	4 212	6 281	14 712	71 103	2 987	3 819	9 683
230 000	96 716	4 462	6 676	15 608	76 113	3 178	4 139	10 503
240 000	101 811	4 712	7 073	16 504	81 235	3 428	4 557	11 421
250 000	106 906	4 962	7 468	17 400	86 303	3 678	4 933	12 295
500 000	234 416	11 211	17 476	39 907	213 813	9 924	14 935	34 799
750 000	361 899	17 460	27 460	62 392	341 323	16 173	24 941	57 309
1 000 000	489 409	23 710	37 468	84 901	468 833	22 422	34 951	79 815

Achtung: Zu berücksichtigen ist jedoch immer, dass unter Umständen das zu versteuernde Einkommen dadurch erhöht wird, dass beispielsweise die degressive Abschreibung von 30 % auf 20 % herabgesetzt wurde, was bei Unternehmern zu höherem Gewinn führt als bisher.

Da die maximale Entlastung erst in 2005 erreicht wird, sind die Steuerminderungen bei Gehaltsempfängern in aller Regel ebenfalls zu relativieren, da durch Lohnerhöhungen in den kommenden Jahren eine höhere Progressionsstufe erreicht wird.

3. Grundfreibetrag, Eingangs- und Spitzensteuersatz der Einkommensteuer

Die folgenden Übersichten geben einen weiteren Überblick über die steuerpolitischen Konzeptionen und deren Auswirkungen in den nächsten Jahren. Gleichzeitig ist die „steuerliche Stellung" der Bundesrepublik Deutschland im Vergleich zu anderen Staaten ablesbar.

Was bringt die Steuerreform an Entlastungen?

Beim Grundfreibetrag – dem Einkommen, das frei von Einkommensteuer bleibt – verbessert Deutschland seine internationale Spitzenposition

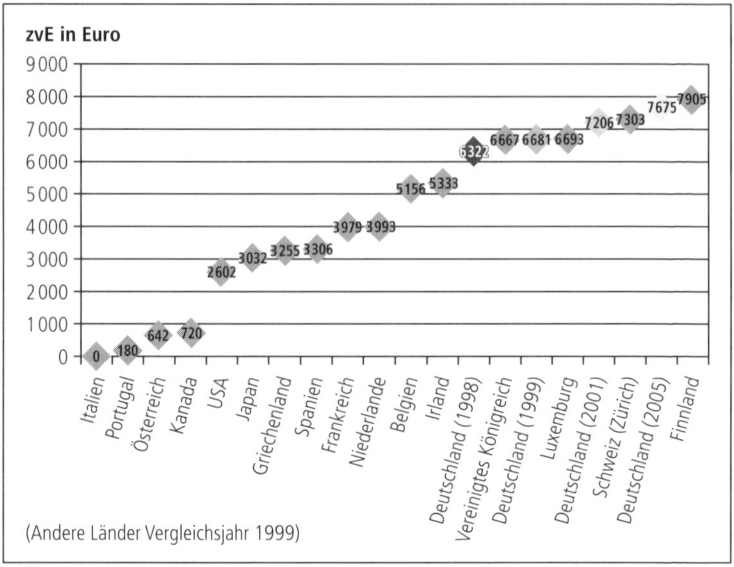

Abdruck mit freundlicher Genehmigung des Bundesfinanzministeriums

Die obige Abbildung zeigt, dass Deutschland sich beim Grundfreibetrag, also dem Betrag, welcher steuerfrei bleibt, international nicht verstecken muss und im Vergleich zu anderen Ländern einen Mittelfeldplatz einnimmt.

Das Gleiche gilt für den Eingangssteuersatz. Dies ist der Steuersatz, welcher für die erste steuerpflichtige Mark zu zahlen ist, was im Folgenden grafisch dargestellt ist.

Deutschland verbessert sich deutlich beim Eingangssteuersatz der Einkommensteuer

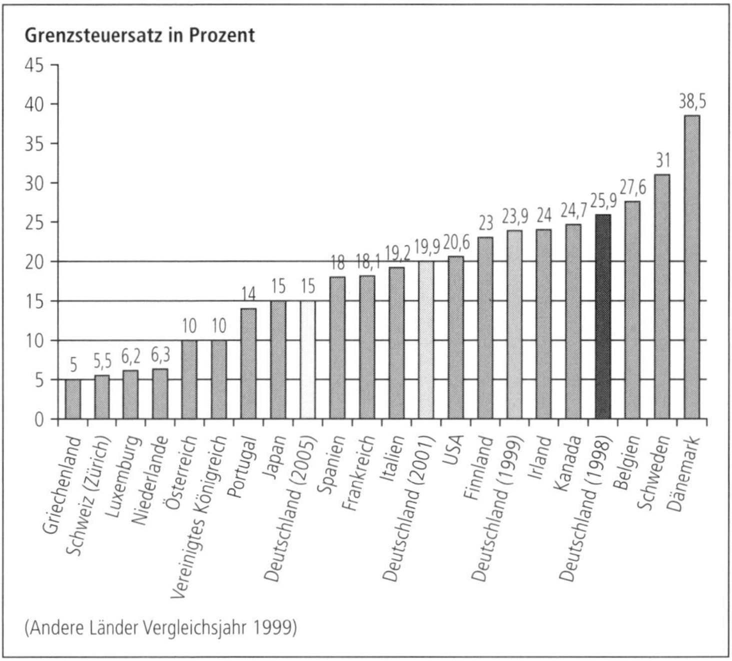

Abdruck mit freundlicher Genehmigung des Bundesfinanzministeriums

Was bringt die Steuerreform an Entlastungen?

Diese Übersicht zeigt auf, wie sich der Spitzensteuersatz seit 1957 in der Bundesrepublik Deutschland entwickelt hat. Dabei fällt auf, dass der im Jahr 2005 erreichte Spitzensteuersatz von 42 % der bislang niedrigste in dem genannten Zeitraum ist.

Durch die Steuerreform 2000 senkt die Bundesregierung den Spitzensteuersatz der Einkommensteuer auf 42 % ab 2005. Der bisher niedrigste Satz seit mehr als 40 Jahren!

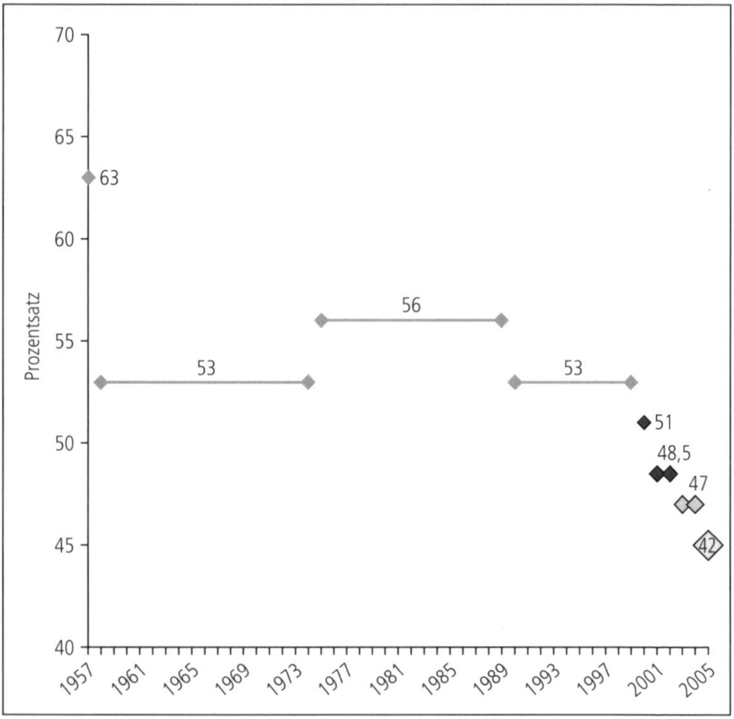

Abdruck mit freundlicher Genehmigung des Bundesfinanzministeriums

Aus der nächsten Grafik wird deutlich, dass der Spitzensteuersatz der Bundesrepublik Deutschland im internationalen Vergleich einen sehr guten Platz einnimmt.

Bei der Spitzenbelastung durch die Einkommensteuer wird Deutschland unter dem internationalen Durchschnitt liegen

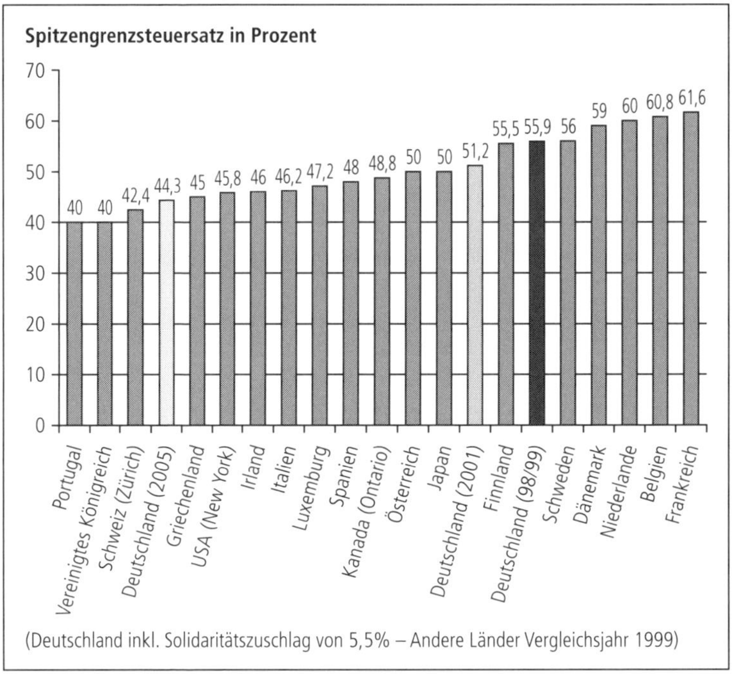

Abdruck mit freundlicher Genehmigung des Bundesfinanzministeriums

4. Vorteile für Personengesellschaften

Während in der gesamten Diskussion um die Steuerreform ständig davon die Rede ist, dass die Personenunternehmen schlechter als die Kapitalgesellschaften gestellt werden, wird aus dem folgenden Schaubild klar, dass dies nur für einen sehr kleinen Anteil der genannten Unternehmen mit einem Gewinn von über 400 000,– DM gilt.

Klarer Vorteil für kleine und mittlere Personenunternehmen gegenüber Kapitalgesellschaften in 2005

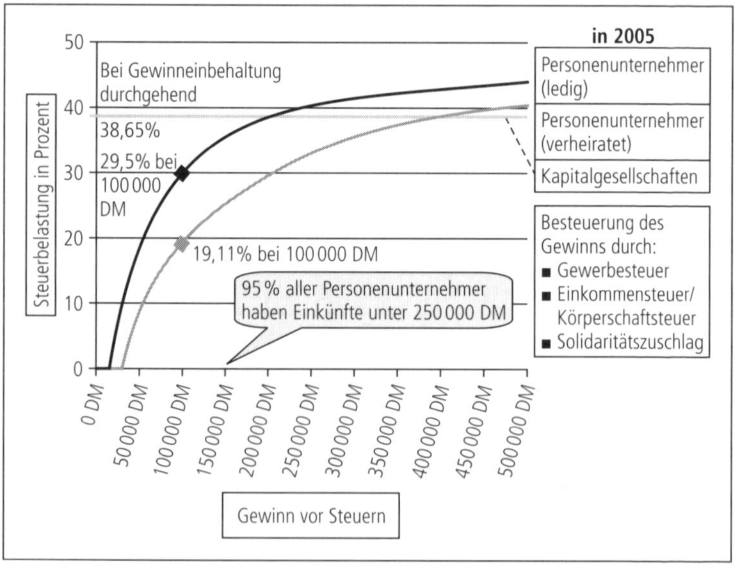

Abdruck mit freundlicher Genehmigung des Bundesfinanzministeriums

Die Senkung der Körperschaftsteuersätze auf nunmehr 25 % folgt einem seit Jahren feststellbaren Trend.

5. Vorteile für Kapitalgesellschaften

Senkung des Körperschaftsteuersatzes auf einbehaltene Gewinne von 1998 bis 2002

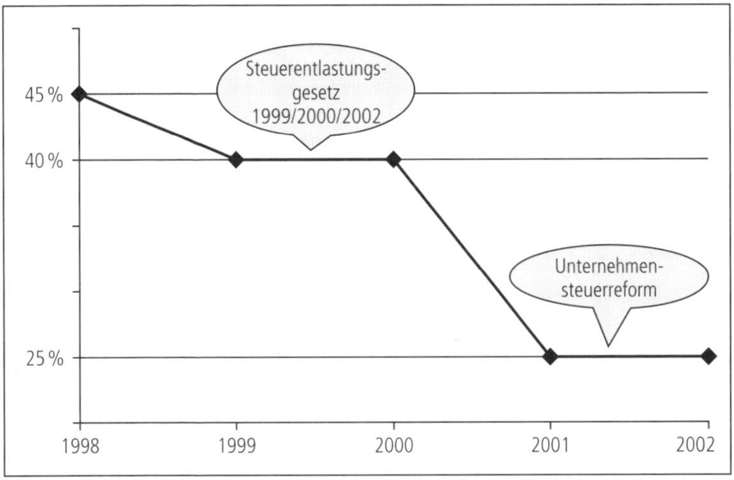

Abdruck mit freundlicher Genehmigung des Bundesfinanzministeriums

Gleichzeitig ist feststellbar, dass Deutschland damit im internationalen Vergleich den niedrigsten Körperschaftsteuersatz auf Gewinne von Kapitalgesellschaften anwendet. Bei dieser Beurteilung gilt es allerdings zu berücksichtigen, dass nicht jedes Land eine der Gewerbesteuer ähnliche Steuer erhebt, so dass dadurch die Aussage der folgenden Grafik zu relativieren ist.

Was bringt die Steuerreform an Entlastungen?

Deutliche Verbesserung der Position Deutschlands für Körperschaftsteuersätze auf einbehaltene Gewinne von Kapitalgesellschaften

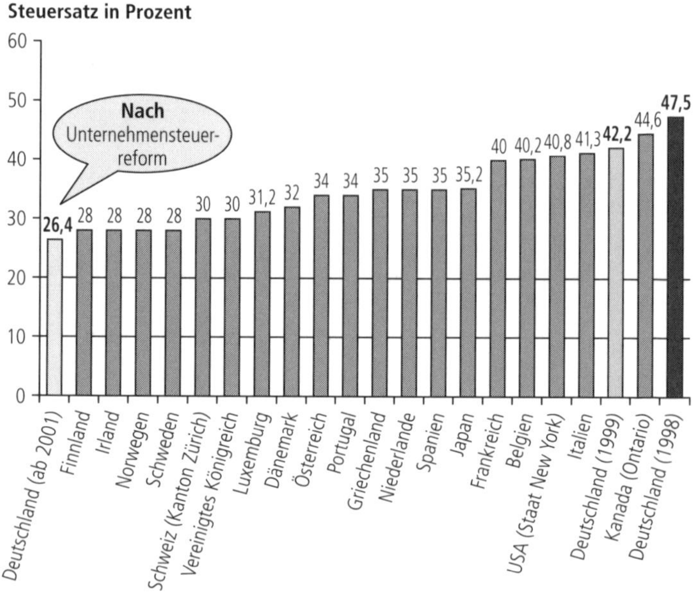

(Deutschland inkl. Solidaritätszuschlag von 5,5 %; ohne Gewerbesteuer – Andere Länder Vergleichsjahr 1999)

Abdruck mit freundlicher Genehmigung des Bundesfinanzministeriums

Diese Aussage wird bestätigt durch die folgende Darstellung. Hier wird deutlich, dass Deutschland unter Berücksichtigung der Gewerbesteuer nur noch einen Platz im hinteren Mittelfeld einnimmt.

Selbst unter Hinzurechnung der Gewerbesteuer und Berücksichtigung ähnlicher Steuern in anderen Ländern ergibt sich eine spürbare Entlastung für thesaurierende Kapitalgesellschaften

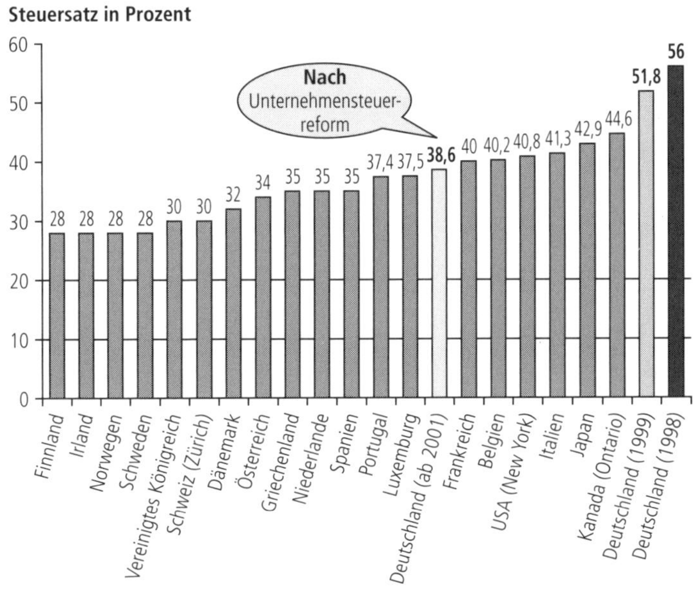

(Deutschland inkl. Solidaritätszuschlag von 5,5 % – Andere Länder Vergleichsjahr 1999)

Abdruck mit freundlicher Genehmigung des Bundesfinanzministeriums

Vorteilhafte Systemänderung bei Steuerberechnungen

3

1. Vom Anrechnungsverfahren zum Halbeinkünfteverfahren

Wie aus der Übersichtstabelle ab Seite 14 ersichtlich, hat es durch die Steuerreform zahlreiche Änderungen in den Einzelsteuergesetzen gegeben.

Es würde zu weit führen, jede Änderung en détail mit ihren Auswirkungen darzustellen und zu besprechen.

Aus diesem Grund werden im Folgenden die wichtigsten Änderungen mit Ihren Auswirkungen dargestellt und, wo immer möglich, mit Beratungsempfehlungen versehen.

Aus den Änderungen der einzelnen Gesetze ergeben sich zwei wesentliche Systemänderungen, wie sie im bisherigen Steuerrecht nicht vorhanden waren.

Hierbei handelt es sich um:

- Abschaffung des körperschaftsteuerlichen Anrechnungsverfahrens
- Einführung des so genannten „Halbeinkünfteverfahrens (HEV)"

Die Einführung eines Optionsmodells für Personenunternehmen (Einzelunternehmen und Personengesellschaften), sich wie Kapitalgesellschaften besteuern zu lassen, wurde letztendlich nicht beschlossen.

Die folgende Darstellung beschränkt sich zunächst auf die zwei genannten Reforminhalte, da sie den Kern des neuen Steuerrechts darstellen. Es ist zudem nicht sinnvoll, in diesen Punkten die Änderungen der Einzelgesetze abzuhandeln, da wir es im Gegensatz zu bisherigen Steuerrechtsänderungen diesmal mit gesetzübergreifenden Umbrüchen zu tun haben, welche das Steuersystem als solches betreffen und nicht isoliert betrachtet werden können.

Im Anschluss hieran werden die wichtigsten Änderungen des Einkommensteuergesetzes mit ihren Konsequenzen und den dazugehörigen Beratungsempfehlungen erläutert.

Wie bereits erwähnt, ist die Abschaffung des körperschaftsteuerlichen Anrechnungsverfahrens und der Ersatz durch ein klassisches Körperschaftsteuersystem ein wesentlicher Punkt der Steuerreform.

Ein solches System ist gekennzeichnet durch einen linearen Steuersatz, wobei zur Vermeidung einer Doppelbesteuerung durch die Besteuerung auf der Ebene der Kapitalgesellschaft und noch einmal beim Gesellschafter das so genannte „Halbeinkünfteverfahren" eingeführt wird.

Wichtig: Bei dieser Regelung geht es im Wesentlichen darum, dass Einnahmen aus Dividenden, welche von Aktiengesellschaften an ihre Aktionäre oder von Gesellschaften mit beschränkter Haftung (GmbH) an ihre Gesellschafter ausgezahlt werden, nur noch zur Hälfte der Einkommensteuer unterliegen.

Während es ursprünglich geplant war, die nicht versteuerte zweite Hälfte dem Progressionsvorbehalt zu unterwerfen, hat man im Gesetzgebungsverfahren letztendlich davon Abstand genommen, was in letzter Konsequenz in vielen Fällen zu einer echten einkommensteuerlichen Entlastung führt.

Um jedoch die Vorteile der Neuregelung tatsächlich bewerten zu können, sind einige Vergleichsrechnungen erforderlich, mit deren Hilfe zu erkennen ist, inwieweit die Steuerlast eines jeden Einzelnen tatsächlich gegenüber der bisherigen Systematik gesunken ist.

Zu unterscheiden ist sowohl bei der Darstellung als auch bei der Beurteilung der Neuregelung zwischen der Ebene der Kapitalgesellschaft und der Ebene des Anteilseigners.

2. Ebene der Kapitalgesellschaft

Um die Neuregelung beurteilen zu können, ist es erforderlich, zunächst einmal die alte Situation in aller Kürze darzustellen, um im Anschluss hieran auf die Neuregelung einzugehen.

Anrechnungsverfahren

Gewinne, welche eine Kapitalgesellschaft erwirtschaftet hat, werden im Unternehmen belassen und für die Innenfinanzierung eingesetzt oder aber an die Anteilseigner – GmbH-Gesellschafter oder Aktionäre – ausgeschüttet.

Vereinfacht ausgedrückt wurden bislang diejenigen Gewinne, welche nicht ausgeschüttet wurden, mit einem Körperschaftsteuersatz in Höhe von 40 % (ab dem Jahr 1999; vorher 45 %) belastet und der verbleibende Betrag in das verwendbare Eigenkapital eingegliedert.

In dem Moment, in welchem Gewinne jedoch aus dem Unternehmen an die Gesellschafter als Dividende ausgeschüttet wurden, kam das sehr komplizierte Anrechnungsverfahren zum Zuge.

Grundüberlegung des Anrechnungsverfahrens war, dass die vom Unternehmen gezahlte Körperschaftsteuer auf die Einkommensteuer des Anteilseigners angerechnet wurde. Hierdurch wurde eine Zweifachbelastung mit Ertragsteuern vermieden.

Zudem war der Anteilseigner steuerlich genauso gestellt wie der Gesellschafter eines Personenunternehmens.

Damit dieses Ziel erreicht wurde, vollzog sich auf Ebene der Gesellschaft der gesamte Vorgang in mehreren Schritten:

- Erzielung des Gewinns
- Belastung des Gewinns mit Körperschaftsteuer
- Ermittlung des verwendbaren Eigenkapitals

- Ausschüttung und dabei Herstellung der Ausschüttungsbelastung von 30 % bei gleichzeitiger Körperschaftsteuerminderung

An einem Zahlenbeispiel erläutert ergibt sich bei einem Gewinn in Höhe von 100 folgendes Szenario:

Beispiel:

■ Gewinn	100
■ Steuerbelastung = 100 x 40 %	40
■ Verwendbares Eigenkapital	60
■ Ausschüttung, Körperschaftsteuerminderung	10

Zum Schritt 4, der Herstellung der Ausschüttungsbelastung bei gleichzeitiger Körperschaftsteuerminderung, ist Folgendes anzumerken:

Da die Körperschaft 40 % Steuer gezahlt hat, erhält sie zur Herstellung der so genannten „Ausschüttungsbelastung" von 30 % vom Finanzamt 10 % zurückerstattet.

Die verbleibende Belastung von 30 % kann der Anteilseigner in einem nächsten Schritt auf seine private Einkommensteuerschuld anrechnen.

Dies geschieht in Fortführung unseres Beispiels wie folgt.

Beispiel:

Fortsetzung:

1. Erhaltene Zahlung von der Gesellschaft (= Verwendbares Eigenkapital 60 plus Körperschaftsteuerminderung 10)	70
2. Anrechenbar bei der Einkommensteuer 30/70	30
3. Zu versteuern insgesamt	100

Vorteilhafte Systemänderung bei Steuerberechnungen

Durch das Anrechnungsverfahren wurde im Ergebnis die von der Gesellschaft gezahlte Körperschaftsteuer komplett rückgängig gemacht und der Gewinn dem individuellen Steuersatz des Anteilseigners unterworfen.

Halbeinkünfteverfahren

Das oben beschriebene Anrechnungsverfahren wird ab dem 01.01.2001 von dem Halbeinkünfteverfahren abgelöst.

Ein wesentliches Element auf Ebene der Gesellschaft hierzu ist die Absenkung des Körperschaftsteuersatzes auf 25 %, wobei dieser Steuersatz definitiv bleibt.

Wichtig: Bei der Ausschüttung von Gewinnen tritt keinerlei Körperschaftsteuerminderung mehr ein und es kommt zu keiner Steuererstattung durch das Finanzamt. An der Steuerbelastung in Höhe von 25 % ändert sich nichts mehr.

Gleichzeitig wird die Gesellschaft bei der Thesaurierung von Gewinnen gegenüber der alten Regelung um 15 % entlastet. Somit stehen zusätzliche liquide Mittel innerhalb des Unternehmens zur Verfügung.

Aus diesem Grund erwartet die Bundesregierung, dass in Zukunft mehr Gewinne im Unternehmen verbleiben, damit hierdurch die Eigenkapitalquote und die Innenfinanzierungskraft gesteigert werden kann.

3. Ebene des Anteilseigners

Auf der Ebene des Anteilseigners wird nun die an ihn ausgeschüttete Dividende nur zur Hälfte dem zu versteuernden Einkommen hinzugerechnet.

Im Gegensatz zum Anrechnungsverfahren, bei welchem die Gewinnausschüttungen tatsächlich dem individuellen Steuersatz des Anteilseigners unterworfen wurden, ist dies beim Halbeinkünfteverfahren nun nicht mehr so.

Wichtig: Das neue System ist somit durch eine strikte Trennung zwischen den Ebenen Kapitalgesellschaft und Gesellschafter gekennzeichnet, wodurch eine Doppelbesteuerung grundsätzlich impliziert wird. Die Doppelbesteuerung wird jedoch durch das Nichtansetzen von 50 % der Dividende abgemildert.

Ausschüttungen an natürliche Personen

Während das Anrechnungsverfahren dazu führte, dass es zu keiner Doppelbesteuerung kommen konnte, hängt es nach der Neukonzeption nunmehr von der Höhe des individuellen Steuersatzes des Anteilseigners ab, inwiefern er sich nunmehr besser oder schlechter stellt als vorher.

In einem ersten Beispiel wird die Dividende nach Steuer berechnet, wie sie bei einem inländischen Anteilseigner mit Dividenden einer inländischen Gesellschaft entsteht. Dabei wird davon ausgegangen, dass die Dividende beim Gesellschafter dem Spitzensteuersatz unterliegt (2000 51 %; 2001 48,5 %):

Beispiel:

	Jahr 2000 Anrechnungs-verfahren	Jahr 2001 Halbeinkünfte-verfahren
Nettodividende	70,00	75,00
+ KSt-Gutschrift 30/70	30,00	0,00
Bruttodividende	100,00	75,00
./. Davon steuerfrei	0,00	– 37,50
Bemessungsgrundlage	100,00	37,50
Einkommensteuer 51 %	– 51,00	
Einkommensteuer 48,5 %		– 18,19
+ Anrechnung Körperschaftsteuer	+ 30,00	0,00
Dividende nach Steuer	**49,00**	**56,81**

Aus dem Beispiel ist ersichtlich, dass die Neuregelung bei dieser Konstellation um 7,81 Prozentpunkte günstiger ist als die Altregelung.

Wichtig: Ursache hierfür ist der gesunkene Spitzensteuersatz bei der Einkommensteuer, der niedrigere Körperschaftsteuersatz sowie die auf Grund der Definitivwirkung der Körperschaftsteuer reduzierte Bemessungsgrundlage.

Im folgenden Berechnungsbeispiel gehen wir von einem Durchschnittssteuersatz auf die Dividende von nur 30 % aus:

Beispiel:

	Jahr 2000 Anrechnungs-verfahren	Jahr 2001 Halbeinkünfte-verfahren
Nettodividende	70,00	75,00
+ KSt-Gutschrift 30/70	30,00	0,00
Bruttodividende	100,00	75,00
./. Davon steuerfrei	0,00	– 37,50
Bemessungsgrundlage	100,00	37,50
Einkommensteuer 30 %	– 30,00	– 11,25
+ Anrechnung Körperschaftsteuer	+ 30,00	0,00
Dividende nach Steuer	**70,00**	**63,25**

Das Ergebnis zeigt, dass das Halbeinkünfteverfahren ungünstiger als das Anrechnungsverfahren ist; der Gesellschafter verliert 6,75 %. Insofern ist die Schlussfolgerung zulässig, dass derjenige durch die Neuregelung am besten gestellt wird, welcher dem Spitzensteuersatz unterliegt.

Die folgende Tabelle zeigt auf, dass das Halbeinkünfteverfahren ab einer Steuerbelastung auf die Dividende von mehr als 40 % günstiger ist als das Anrechnungsverfahren. Hierbei wurden individuelle Merkmale wie zum Beispiel das Verhältnis des Sparerfreibetrages zu den gesamten Einnahmen aus Kapitalvermögen unberücksichtigt gelassen.

In diesem Zusammenhang bleibt die Frage offen, inwieweit es im Rahmen der Ziele der Steuerreform opportun ist, eine Entlastungswirkung ausschließlich bei höheren Steuersätzen zuzulassen. Zum anderen wäre es interessant zu erfahren, wie viele Empfänger von Dividenden in nennenswertem Umfang überhaupt einem niedrigen Steuersatz unterliegen und somit Gefahr laufen, in Zukunft schlechter gestellt zu werden.

Einkommensteuertarif									
	0 %	10 %	20 %	30 %	40 %	45 %	47 %	48,5 %	51 %
Anrechnungs-verfahren	100	90	80	70	60	55	53	51,5	49
Halbeinkünfte-verfahren	75	71,25	67,5	63,75	60	58,125	57,375	56,81	

Die Beurteilung der Wirkung des Halbeinkünfteverfahrens ist jedoch nicht nur bei Inlands-, sondern auch bei Auslandsdividenden interessant.

Im folgenden Beispiel haben wir einen inländischen Gesellschafter der Berechnung zu Grunde gelegt, welcher Dividenden aus dem Ausland erhält. Auch in diesem Fall kommt das Halbeinkünfteverfahren zum Zuge:

Beispiel:

	Jahr 2000 Anrechnungs-verfahren	Jahr 2001 Halbeinkünfte-verfahren
Auslandsdividende	70,00	70,00
+ KSt-Gutschrift	0,00	0,00
Bruttodividende	70,00	70,00
./. Davon steuerfrei	0,00	– 37,50
Bemessungsgrundlage	70,00	37,50
Einkommensteuer 51 %	– 35,70	
Einkommensteuer 48,5 %		– 18,19
+ Anrechnung Körperschaftsteuer	0,00	0,00
Dividende nach Steuer	**34,30**	**56,81**

Wichtig: In diesem Berechnungsbeispiel wird der Anteilseigner in der neuen Gesetzeslage wesentlich besser gestellt als bisher. Allerdings ist zu bedenken, dass es bei einer Beteiligung von Inländern von mehr als 10 % durch verschiedene Änderungen im Außensteuergesetz zu einer echten Doppelbesteuerung kommen kann, so dass das Beispiel nicht auf alle Fälle bedenkenlos übertragen werden kann.

Zu beachten ist im Zusammenhang mit dem Halbeinkünfteverfahren die Änderung des § 3 c EStG. Hierin wird festgelegt, dass diejenigen Aufwendungen, welche in Zusammenhang mit den nur zu 50 % angesetzten Einnahmen stehen, ebenfalls nur zu 50 % abgezogen werden dürfen.

Wenn wir uns das 1. Beispiel noch einmal vor Augen führen und annehmen, dass der Anteilseigner im Zusammenhang mit den Einnahmen 40 DM an Werbungskosten aufgewandt hat, so ergibt sich folgendes Ergebnis:

Beispiel:

	Jahr 2000 Anrechnungsverfahren	Jahr 2001 Halbeinkünfteverfahren
Nettodividende	70,00	75,00
+ KSt-Gutschrift 30/70	30,00	0,00
Bruttodividende	100,00	75,00
./. Davon steuerfrei	0,00	– 37,50
Werbungskosten	– 40,00	– 20,00
Bemessungsgrundlage	60,00	17,50
Einkommensteuer 51 %	– 30,00	
Einkommensteuer 48,5 %		– 8,49
+ Anrechnung Körperschaftsteuer	+ 30,00	0,00
Dividende nach Steuer	**69,40**	**66,51**

Die Änderung des § 3 c EStG verleitet dazu, Aufwendungen in solchen Jahren anfallen zu lassen, in denen keine Dividenden zugeflossen sind, um anschließend in dem Jahr, in dem die Dividenden zufließen, keine Aufwendungen mehr zu haben (so genanntes

„Ballooning"). Durch die Konzeption des § 3 c EStG wurde dieser Gestaltung jedoch ein Riegel vorgeschoben, was zur Folge hat, dass die Aufwendungen im Zusammenhang mit Dividendeneinnahmen immer nur zu 50 % abzugsfähig sind, unabhängig davon, ob Erträge zufließen oder nicht.

Gleichermaßen wie ausgezahlte Dividenden sind auch die Gewinne aus der Veräußerung von Anteilen an Kapitalgesellschaften zu 50 % steuerfrei, während in diesem Fall die angefallenen Aufwendungen einschließlich der Anschaffungskosten ebenfalls nur zur Hälfte bei der Ermittlung des Veräußerungsgewinns abgezogen werden dürfen. Dies gilt sowohl für Anteile i. S. d. § 17 EStG als auch für „Spekulationsgewinne" nach § 23 EStG, welche seit Anfang 1999 als „private Veräußerungsgeschäfte" bezeichnet werden.

Reform der Dividendenbesteuerung (vereinfachte Darstellung ohne Solidaritätszuschlag und ohne Progressionsvorbehalt)

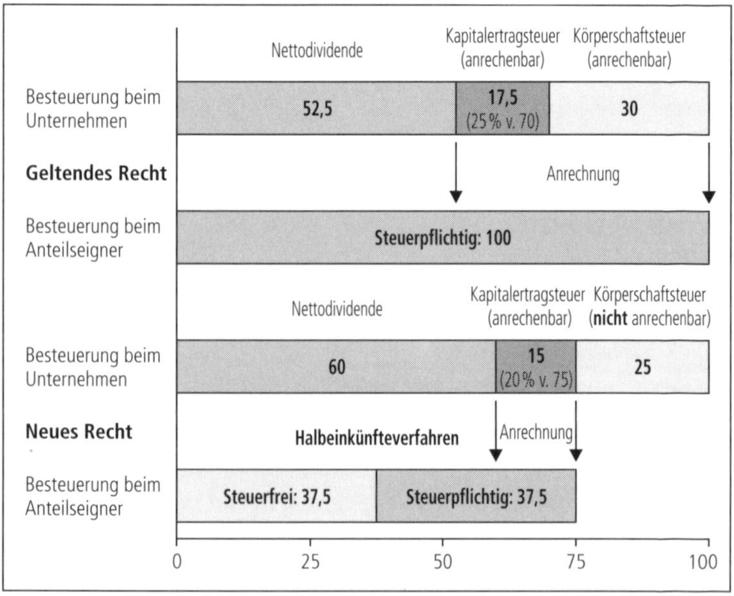

Abdruck mit freundlicher Genehmigung des Bundesfinanzministeriums

Wichtig: Die Grenze für eine wesentliche Beteiligung i. S. d. § 17 EStG wurde auf nunmehr 1 % herabgesenkt, wodurch zukünftig vor allem die Veräußerung von Anteilen an GmbHs in den meisten Fällen der Besteuerung unterworfen wird.

Abgemildert wird dies jedoch dadurch, dass nur diejenigen Gewinne aus der Veräußerung von Anteilen i. S. d. § 17 EStG besteuert werden, welche mehr als 5 000,– DM des Nennkapitals überschreiten. Dadurch ist bei einer GmbH mit einem Stammkapital von 50 000,– DM die Wesentlichkeitsgrenze von bisher 10 % faktisch immer noch vorhanden.

Ist der Anteilseigner eine ausländische natürliche Person, so ist das Halbeinkünfteverfahren für ihn günstiger als das bisherige Anrechnungsverfahren, was folgendes Beispiel aufzeigt:

Beispiel:

	Jahr 2000 Anrechnungs-verfahren	Jahr 2001 Halbeinkünfte-verfahren
Nettodividende	70,00	75,00
+ KSt-Gutschrift 30/70	0,00	0,00
Bruttodividende	70,00	75,00
./. Davon steuerfrei	0,00	– 37,50
./. Kapitalertragsteuer 25 %	– 17,50	
./. Kapitalertragsteuer 20 %		– 15,00
Dividende nach Steuer	**52,50**	**60,00**

Anzuwenden ist das Halbeinkünfteverfahren erstmals auf ordentliche Ausschüttungen, die im Jahr 2002 erfolgen, und bei anderen Ausschüttungen und sonstigen Leistungen, die im Jahr 2001 erfolgen.

Ausschüttungen an Kapitalgesellschaften – Dividendenprivileg

Ist der Anteilseigner keine natürliche Person, sondern eine andere Kapitalgesellschaft, so wird die Doppelbesteuerung durch ein so genanntes „Dividendenprivileg" vermieden. Demnach sind die Einnahmen aus Dividenden nicht zu versteuern.

Gleichzeitig sind die in diesem Zusammenhang stehenden Aufwendungen in vollem Umfang nicht abzugsfähig.

Wichtig: Da die hundertprozentige Steuerfreiheit nicht nur für Dividendenerträge, sondern auch für Veräußerungsgewinne gilt, sind im Umkehrschluss zukünftig Veräußerungsverluste nicht mehr abzugsfähig.

Gleichermaßen wie eine ausländische natürliche Person profitiert auch eine ausländische Kapitalgesellschaft als Anteilseigner von der Neuregelung, da auch hier eine höhere Nettodividende zufließt. Die Steuerfreiheit bei Veräußerungsgewinnen wird allerdings nur dann gewährt, wenn es sich um die Veräußerung von Anteilen an unbeschränkt steuerpflichtigen inländischen Körperschaften oder aber inländische Betriebsstätten ausländischer Kapitalgesellschaften handelt.

Angewandt wird das Dividendenprivileg auf ordentliche Gewinnausschüttungen in 2002 für 2001 oder andere Gewinnausschüttungen in 2001.

Danach fallen ordentliche Gewinnausschüttungen in 2001 für 2000 noch unter das Anrechnungsverfahren.

Die Steuerfreistellung der Veräußerungsgewinne ist erstmals für Veräußerungen in 2002 anzuwenden, während bei abweichenden Wirtschaftsjahren bereits Veräußerungen im Jahr 2001 unter die Neuregelung fallen.

Ausschüttungen an Personengesellschaften

Bei Personengesellschaften werden die Einkünfte auf der Ebene der Gesellschaft gesondert festgestellt und den einzelnen Anteilseignern zugeordnet.

Sind die Gesellschafter natürliche Personen, so erzielen sie Einkünfte aus Kapitalvermögen und es kann an dieser Stelle auf die obigen Ausführungen zu Ausschüttungen an natürliche Personen verwiesen werden, da die Besteuerungsfolgen identisch sind.

Sind ein oder mehrere Gesellschafter der Personengesellschaft Kapitalgesellschaften, so tritt für diese das Dividendenprivileg ein, was die hundertprozentige Steuerfreistellung der Einkünfte zur Folge hat.

4. Der Übergang vom alten zum neuen System

Besonders stark diskutiert wurde die Frage nach der Art und Weise des Übergangs vom Anrechnungs- zum Halbeinkünfteverfahren, wobei man sich letztendlich für eine Kombination aus verschiedenen Komponenten entschieden hat.

Die Teilbeträge des verwendbaren Eigenkapitals werden letztmalig – mit Ausnahme des so genannten EK 04 – auf den 31.12.2000 festgestellt.

Hiervon werden in einem nächsten Schritt die ordentlichen Gewinnausschüttungen, die in 2001 für abgelaufene Wirtschaftsjahre erfolgen, ebenso wie andere Gewinnausschüttungen und sonstige Leistungen, die in 2002 vorgenommen werden, abgezogen.

Anschließend erfolgt die Umgliederung etwaiger noch vorhandener Bestände an EK 45 in EK 40. Hierbei werden 27/22 dem EK 40 hinzugerechnet und 5/22 des EK 45-Betrages beim EK 02 abgezogen. Sollte das EK 45 negativ sein, so erfolgt eine spiegelbildliche Verrechnung mit umgekehrten Vorzeichen.

In einem nächsten Schritt wird die negative Summe der unbelasteten Teilbeträge aus EK 01, EK 02 und EK 03 mit den belasteten Teilbeträgen von EK 30 und EK 40 in aufsteigender Reihenfolge verrechnet.

Achtung: Dies hat zur Konsequenz, dass bei aus Verlusten resultierendem negativen EK 02 im Zuge der Verrechnung mit EK 40 Körperschaftsteuerguthaben vernichtet würde.

Anschließend wird das in den Endbeträgen vorhandene Körperschaftsteuerguthaben festgestellt, wobei dieses faktisch auf den Ausschüttungssteuersatz von 30 % herabgeschleust wird.

Bei zukünftigen ordentlichen Gewinnausschüttungen wird das Körperschaftsteuerguthaben in Höhe von 1/6 der Ausschüttung mit der Körperschaftsteuer des Veranlagungszeitraums, in dem das Wirtschaftsjahr endet, in dem die Gewinnausschüttung erfolgt, verrechnet. Somit dürften weder Vorabausschüttungen noch verdeckte Gewinnausschüttungen zu einer Anrechnung des Körperschaftsteuerguthabens führen.

Das folgende Beispiel zeigt die Berechnung der tatsächlichen Körperschaftsteuer im Falle einer Gewinnausschüttung auf:

Beispiel:

KSt – Guthaben		250
Gewinn 2001	500	
Gewinn 2002	400	
Ausschüttung in 2002 für 2001	300	
KSt 2001, 25 %		125
KSt 2002, 25 %		100
./. 1/6 der Ausschüttung		– 50
KSt 2002		50

Diese Übergangsregelung gilt letztmalig für Gewinnausschüttungen für den Veranlagungszeitraum 2015. Sollten bis dahin nicht alle Körperschaftsteuerguthaben realisiert sein, so verfallen sie.

5. So agieren Sie richtig

Die steuerlichen Konsequenzen werden maßgeblich davon beeinflusst, ob es sich bei den Anteilseignern um natürliche oder juristische Personen handelt und wie sich die Zusammensetzung des verwendbaren Eigenkapitals darstellt.

Achtung: Während auf Grund des Dividendenprivilegs Ausschüttungen zwischen Kapitalgesellschaften grundsätzlich steuerneutral erfolgen, hat eine Ausschüttung an eine natürliche Person Steuerbelastungen zur Folge.

Insofern stellt sich die Frage, inwieweit es sinnvoll sein kann, dass Privatpersonen ihr Vermögen in einer „Vermögensholdinggesellschaft" einbringen, um vom Dividendenprivileg zu profitieren und selbst zu entscheiden, wann durch Ausschüttungen von der Holding an sie das Halbeinkünfteverfahren zum Zuge kommt. Allerdings wird diese Überlegung nur in seltenen Fällen eine wirklich sinnvolle sein.

Gestaltungsempfehlung:

Auf Grund des günstigen Körperschaftsteuersatzes von 25 % ist die Thesaurierung der Gewinne die optimale Gestaltungsempfehlung, da hierdurch regelmäßig die niedrigste Steuerbelastung entsteht. Lediglich in den Fällen, in denen bei Ausschüttung die zu zahlende Einkommensteuer null wäre, würde sich das gleiche Ergebnis einstellen, nämlich eine Definitivbelastung von 25 %.

Vorteilhafte Systemänderung bei Steuerberechnungen

Davon ausgehend, dass ein Anteilseigner die von der Gesellschaft erwirtschafteten Gewinne zumindest teilweise ausgeschüttet haben möchte, lautet die Empfehlung dahingehend, möglichst lange mit der Ausschüttung zu warten, da die Steuersätze bis zum Jahr 2005 sinken werden und ab 2005 somit die niedrigste Steuerbelastung auf die ausgeschütteten Gewinne zu erwarten ist.

Allerdings ist hierbei zu berücksichtigen, dass die individuelle Situation des Gesellschafters für die letztendliche Beurteilung maßgeblich ist. Denn was nützen sinkende Steuersätze, wenn die betroffene Person bei heute höheren Steuersätzen einem Grenzsteuersatz von 30 % und im Jahr 2005 auf Grund gestiegenen Einkommens dann trotz niedrigerer Sätze einem Grenzsteuersatz von 40 % unterliegt.

Eine weitere wichtige Überlegung gilt es in Bezug auf die Vermeidung der Vernichtung von Körperschaftsteuerguthaben anzustellen.

Gestaltungsempfehlung:

Um die oben beschriebene Folge bei Vorhandensein von hohen EK 02-Beständen, welche aus Verlusten herrühren, bei gleichzeitigen positiven EK 45- und EK 40-Beständen zu vermeiden, ist eine Vollausschüttung noch vor dem Übergang auf das neue Körperschaftsteuersystem zu empfehlen.

Hierzu wäre eine ordentliche Gewinnausschüttung in 2001 für bereits abgelaufene Wirtschaftsjahre oder eine andere Gewinnausschüttung, wie beispielsweise eine Vorabausschüttung, in 2000 erforderlich.

Gestaltungsempfehlung:

- Sind die Anteilseigner in der Masse Kleinaktionäre, bei denen die Einnahmen aus Kapitalvermögen unterhalb des Sparerfreibetrages liegen, so wäre eine Ausschüttung sinnvoll, um die Aktionäre letztmalig in den Genuss der anrechenbaren Körperschaftsteuer kommen zu lassen. Durch das Vorziehen von Werbungskosten, beispielsweise eines Disagios, könnte der gleiche positive Effekt erzielt werden.
- Soll der Kapitalgesellschaft die Liquidität nicht entzogen werden, welche für eine Ausschüttung erforderlich wäre, so ist das so genannte „Schütt-aus-hol-zurück-Verfahren" anzudenken.

Hierdurch könnten durch Vollausschüttung die Körperschaftsteuerguthaben mobilisiert werden, um die ausgeschütteten Beträge anschließend wieder einzulegen. Im Ergebnis wäre der Gesellschaft keine Liquidität entzogen worden.

Gestaltungsalternative Kapitalgesellschaft?

Während bei der Körperschaftsteuer der Steuersatz auf 25 % gesenkt wurde, sinkt der Spitzensteuersatz bei der Einkommensteuer bei Weitem nicht in gleichem Maße, was zu einer Ungleichbehandlung zwischen Kapitalgesellschaften auf der einen und Personenunternehmen mit deren Gesellschaftern auf der anderen Seite führt. Inwieweit diese Situation verfassungsrechtlich zu halten sein wird, bleibt abzuwarten.

Im Gesetzesentwurf wurde aus diesem Grund als ein wichtiger Bestandteil der Steuerreform die Einführung einer Optionsmöglichkeit für Personenunternehmen, sich wie eine Kapitalgesellschaft besteuern zu lassen, um in den Genuss des niedrigen Körperschaftsteuersatzes zu kommen, eingearbeitet.

Unter Personenunternehmen sind dabei alle Mitunternehmerschaften sowie natürliche Personen zu verstehen.

Letztendlich fand die Einführung dieses so genannten „Optionsmodells“ jedoch keinen Eingang in das deutsche Steuerrecht.

Allerdings bleibt auf Grund der steuerlichen Entlastungen von Kapitalgesellschaften dennoch die Frage offen, inwieweit die Umwandlung eines Personenunternehmens in eine Kapitalgesellschaft steuerlich sinnvoll sein kann, um in den Genuss entsprechender Vorteile zu gelangen.

Für Personenunternehmen erfolgt die Besteuerung dadurch, dass der ermittelte Gewinn dem individuellen Steuersatz des Einzel- oder Mitunternehmers unterworfen wird.

Wichtig: Hierzu ist an dieser Stelle auf die ebenfalls neu geschaffene Anrechnung des 1,8-fachen Gewerbesteuerhebesatzes auf die Einkommensteuer zu verweisen, da dies zu einer erheblichen Entlastung von Personenunternehmen führt und bei der Beurteilung der Alternativen natürlich berücksichtigt werden muss. Einzelheiten hierzu entnehmen Sie bitte dem Punkt „Anrechnung der Gewerbesteuer“ auf Seite 88.

Für oder gegen eine Umwandlung in eine Kapitalgesellschaft sprechen aus rein praktischer und auch aus wirtschaftlicher Sicht zahlreiche Gründe. Hierbei sind wir bewusst nicht auf die Vor- und Nachteile durch die Umwandlung selbst und das damit verbundene Procedere eingegangen, da dies an dieser Stelle zu weit führen würde.

Gestaltungsempfehlung:

- Für eine Umwandlung spricht zum einen, dass ab dem Jahr 2001 das Körperschaftsteuersystem durch den Wegfall des Anrechnungsverfahrens durchaus einfacher und übersichtlicher ist. Insbesondere fällt durch die Einführung des Halbeinkünfteverfahrens die komplizierte Gliederungsrechnung weg.
- Ein weiteres Plus ist die Tatsache, dass Beteiligungen an anderen Kapitalgesellschaften im Betriebsvermögen einer Kapitalgesellschaft steuerfrei veräußert werden können.

Durch den günstigen Steuersatz bei der Körperschaftsteuer ergibt sich unter Berücksichtigung der Gewerbesteuer eine Definitivbelastung von circa 38 %, was unter Umständen günstiger ist als die Besteuerung nach dem Einkommensteuergesetz.

Wichtig: Insbesondere bei solchen Unternehmen, welche eine hohe Innenfinanzierungskraft benötigen, spielt der niedrigere Tarif eine bedeutende Rolle.

Darüber hinaus ergeben sich durch die Abzugsfähigkeit von Unternehmervergütungen sowie Aufwendungen aus Miet- oder Darlehensverträgen Gestaltungsmöglichkeiten, wie sie die Personengesellschaft oder der Einzelunternehmer nicht hat.

Ein weiteres und letztes Argument für die Umwandlung ist die Wahl des Entnahmezeitpunktes liquider Mittel und damit die Steuerung der Einkommensteuerbelastung, da die Dividenden dem Halbeinkünfteverfahren unterliegen.

Achtung: Gegen eine Umwandlung spricht, dass im Schenkungs- oder Erbfall die Anteile höher zu bewerten sind, als dies bei Personenunternehmen der Fall ist. Zudem fallen die Freibeträge und die Staffelregelung der Gewerbesteuer weg.

Vorteilhafte Systemänderung bei Steuerberechnungen

Durch die Unternehmenssteuerreform wurde die fiktive Anrechnungsfähigkeit der Gewerbesteuer auf die Einkommensteuerschuld eingeführt, was zu Entlastungen im Einkommensteuerbereich führt. Bei Umwandlung in eine Kapitalgesellschaft würde auf die einkommensteuerliche Vergünstigung verzichtet werden.

Achtung: Ein weiterer Negativpunkt ist die Tatsache, dass entgeltlich erworbene Anteile lediglich die Anschaffungskosten der Beteiligung erhöhen, nicht aber auf die Wirtschaftsgüter verteilt und abgeschrieben werden können. Der Steuerminderungseffekt ergibt sich somit erst bei Veräußerung der Anteile.

Ist jemand an mehren Personengesellschaften beteiligt, so ist die Saldierung von Gewinnen mit Verlusten aus verschiedenen Gesellschaften nach Umwandlung nicht mehr möglich.

In denjenigen Fällen, in denen verrechenbare Verluste i. S. d. § 15 a EStG geführt werden, gehen diese bei Umwandlung unter, erhöhen allerdings die Anschaffungskosten der Beteiligung.

Gegen die Umwandlung wird dies dann sprechen, wenn die Wahrscheinlichkeit der Erzielung positiver Einkünfte vor der Anteilsveräußerung liegt. Liegen die Wahrscheinlichkeiten andersherum, so wird aus dem Negativargument analog ein positives.

Wichtig: Gänzlich unter gehen gewerbesteuerliche Verlustvorträge i. S. d. § 10 a GewStG, so dass hierin ein Argument gegen die Umwandlung zu finden ist.

6. Praxisbeispiel Umwandlung: Vergleichsrechnungen

Um eine auf den Einzelfall bezogene exakte Aussage bezüglich der Vorteilhaftigkeit der Umwandlung treffen zu können, sei vorab bemerkt, dass auch jeder Einzelfall gesondert mit all seinen Besonderheiten durchgerechnet werden muss. Aus den folgenden Berechnungen können insofern nur grundsätzliche Aussagen abgeleitet werden, welche zu einer ersten Orientierung und zur Festlegung von Tendenzen herangezogen werden können.

Wichtig: Lassen Sie daher in dem Fall, in welchem eine Umwandlung für Sie grundsätzlich in Frage kommt, von Ihrem Steuerberater genau prüfen, ob und unter welchen Bedingungen Sie hieraus einen zusätzlichen Nutzen ziehen können.

In unserem folgenden Beispiel haben wir eine Personengesellschaft (OHG oder GbR) zu Grunde gelegt, welche über zwei Gesellschafter (A und B) mit einer Beteiligung von je 50 % verfügt und bei der das Wirtschaftsjahr mit dem Kalenderjahr übereinstimmt.

Der Jahresüberschuss beträgt 400 000,– DM, wobei dieser durch Pachtzahlungen in Höhe von 50 000,– DM an A für ein zur Verfügung gestelltes Grundstück und um Zinszahlungen in Höhe von 10 000,– DM für ein von B zur Verfügung gestelltes Darlehen in Höhe von 150 000,– DM gemindert wurde. Sowohl das Grundstück als auch das Darlehen stellen bei den Gesellschaftern Sonderbetriebsvermögen dar und werden dementsprechend in Sonderbilanzen aktiviert. Jeder der Gesellschafter hat 100 000,– DM entnommen, der Gewerbesteuerhebesatz beträgt 400 %.

Die Gesellschafter A und B sind miteinander verheiratet und haben abzugsfähige Sonderausgaben von 15 000,– DM. Aus Vereinfachungsgründen bleiben sonstige Sonderausgaben sowie der Solidaritätszuschlag außer Acht.

Besteuerung im Rahmen des Personenunternehmens

Im Rahmen des Personenunternehmens erfolgt die Besteuerung der Gesellschaft und der Gesellschafter wie folgt:

Vorteilhafte Systemänderung bei Steuerberechnungen

1. Berechnung der Gewerbesteuer-Rückstellung

Jahresüberschuss	400 000,– DM	
Zzgl. Vorwegvergütungen	60 000,– DM	
	460 000,– DM	
Abzüglich Freibetrag	– 48 000,– DM	
Bemessungsgrundlage	412 000,– DM	
Staffelung	– 96 000,– DM	2 400,– DM
Verbleibende Bemessungsgrundlage	316 000,– DM x 5 % =	15 800,– DM
Vorläufiger Messbetrag		18 200,– DM
x Hebesatz 400 % =		72 800,– DM
x 5/6 = **GewSt-Aufwand**		**60 666,– DM**

2. Berechnung des endgültigen Jahresüberschusses

Jahresüberschuss vor GewSt	400 000,– DM
Abzüglich Gewerbesteueraufwand	– 60 666,– DM
Endgültiger Jahresüberschuss	339 334,– DM

3. Darstellung der einheitlichen und gesonderten Gewinnfeststellung

		Anteil A	Anteil B
Jahresüberschuss	339 334,– DM	169 667,– DM	169 667,– DM
Vorwegvergütungen	60 000,– DM	50 000,– DM	10 000,– DM
Einkünfte i. S. § 15 Abs. 1 Nr. 2 EStG	**399 334,– DM**	**219 667,– DM**	**179 667,– DM**

4. Ermittlung der Steuerermäßigung nach § 35 Abs. 1 Nr. 2 EStG

Entsprechend dem neu eingefügten § 35 EStG wird bei einer positiven Summe der Einkünfte aus Gewerbebetrieb die Einkommensteuer um das 1,8-fache des Gewerbesteuermessbetrages gemindert, wobei die Regelung detailliert darlegt, wie die Berechnung der Steuerminderung in Bezug auf die verschiedenen Arten von Beteiligungen an Personenunternehmen zu erfolgen hat.

In unserem Beispiel einer Personengesellschaft ist der Minderungsbetrag anteilig auf die beiden Gesellschafter aufzuteilen. Bei der Berechnung wird dabei von dem Verhältnis des den Mitunternehmern zuzurechnenden Gewinnanteils einschließlich der Vorwegvergütungen zur Summe der Gewinnanteile inklusive aller Vorwegvergütungen ausgegangen:

	A	B
Gewinnanteil	169 667,– DM	169 667,– DM
Zzgl. Sondervergütung	50 000,– DM	10 000,– DM
	219 667,– DM	179 667,– DM
Summe aller Gewinnanteile und Vorwegvergütungen	399 334,– DM	399 334,– DM
Anteil der Gesellschafter	**0,55 DM**	**0,45 DM**

Anrechenbare GewSt;
Messbetrag = 18 200,– DM x 5/6 = 15 167,– DM

Anteil von A: 15 167,– DM x 1,8 x 0,55 = **15 015,33 DM**

Anteil von B: 15 167,– DM x 1,8 x 0,45 = **12 285,27 DM**

5. Ermittlung des zu versteuernden Einkommens

	Ehemann A	**Ehefrau B**
Einkünfte aus Gewerbebetrieb	219 667,– DM	179 667,– DM
Summe der Einkünfte	399 334,– DM	
Gesamtbetrag der Einkünfte	399 334,– DM	
Abzüglich Sonderausgaben	– 15 000,– DM	
Einkommen	384 334,– DM	
Zu versteuerndes Einkommen	384 334,– DM	
ZvE durch 54 teilbar	384 318,– DM	
Zzgl. § 32 a Abs. 2 EStG	27,– DM	
ZvE i. S. d. § 32 a Abs. 2 EStG	**384 345,– DM**	

Unter Zugrundelegung der Einkommensteuertabellen für den Veranlagungszeitraum 2001 und nach Abzug der anzurechnenden Gewerbesteuer ergibt sich eine festzusetzende Einkommensteuer in Höhe von 120 507,– DM.

Demnach ergibt sich in unserem Beispielsfall folgende Gesamtsteuerbelastung:

Einkommensteuer:	120 507,– DM
Gewerbesteuer:	60 666,– DM
Summe:	**181 173,– DM**

Besteuerung bei Umwandlung in eine Kapitalgesellschaft

Bei der Umwandlung in eine Kapitalgesellschaft erfolgt bezüglich des Sonderbetriebsvermögens eine Zwangsentnahme. Aus Vereinfachungsgründen gehen wir davon aus, dass in dem Grundstück des A keine stillen Reserven enthalten sind (Buchwert = Teilwert), so dass kein Entnahmegewinn entsteht.

Um auch bei der Entscheidung zur Umwandlung verschiedene Gestaltungsmöglichkeiten darzustellen, werden wir im Folgenden zwei Berechnungen durchführen. Bei der 1. Berechnung gehen wir davon aus, dass die bisherigen Entnahmen in Höhe von insgesamt 200 000,– DM in der Kapitalgesellschaft abzugsfähigen Arbeitslohn darstellen. Im 2. Berechnungsbeispiel werden die Entnahmen als Dividenden behandelt. In diesem Fall sind diese im Rahmen des Halbeinkünfteverfahrens der Besteuerung zu unterwerfen.

Beispiel 1: Bisherige Entnahmen sind Arbeitslohn

1. Berechnung der Gewerbesteuer-Rückstellung

Jahresüberschuss	400 000,– DM	
Abzgl. Arbeitslohn	– 200 000,– DM	
	200 000,– DM	
Zzgl. 50 % der Schuldzinsen	5 000,– DM	
Bemessungsgrundlage	205 000,– DM	
x 5 % =		10 250,– DM
Vorläufiger Messbetrag		10 250,– DM
x Hebesatz 400 % =		41 000,– DM
x 5/6 = GewSt-Aufwand		34 166,– DM

2. Ermittlung des zu versteuernden Einkommens und der Körperschaftsteuer

Jahresüberschuss vor GewSt	200 000,– DM
Abzüglich Gewerbesteueraufwand	– 34 166,– DM
Jahresüberschuss nach GewSt	165 834,– DM
Zzgl. Körperschaftsteuer	55 278,– DM
Zu versteuerndes Einkommen	221 112,– DM
x 25 % Körperschaftsteuer	**55 278,– DM**

3. Steuerschuld der Gesellschaft

Gewerbesteuer	34 166,– DM
Körperschaftsteuer	55 278,– DM
Summe	**89 444,– DM**

4. Einkommensteuer der Gesellschafter

	Ehemann A	**Ehefrau B**
Einnahmen aus nichtselbstständiger Arbeit	100 000,– DM	100 000,– DM
Abzügl. Werbungskosten-pauschbetrag	– 2 000,– DM	– 2 000,– DM
Einkünfte aus nichtselbstständiger Arbeit	**98 000,– DM**	**98 000,– DM**
Einnahmen aus Kapitalvermögen		10 000,– DM
Abzügl. Werbungskostenpauschbetrag		– 200,– DM
Abzügl. Sparerfreibetrag		– 6 000,– DM
Einkünfte aus Kapitalvermögen		**3 800,– DM**
Einkünfte aus Vermietung und Verpachtung	**50 000,– DM**	
Summe der Einkünfte	**249 800,– DM**	
Gesamtbetrag der Einkünfte	**249 800,– DM**	
Abzüglich Sonderausgaben	– 15 000,– DM	
Einkommen	**234 800,– DM**	
Zu versteuerndes Einkommen	**234 800,– DM**	
ZvE durch 54 teilbar	234 792,– DM	
Zzgl. § 32 a Abs. 2 EStG	27,– DM	
ZvE i. S. d. § 32 a Abs. 2 EStG	**234 819,– DM**	

Hieraus ergibt sich unter Anwendung des für den Veranlagungszeitraum 2001 geltenden § 32 a EStG eine festzusetzende Einkommensteuer in Höhe von 75 288,– DM.

Die Gesamtsteuerbelastung errechnet sich folgendermaßen:

Steuerschuld der Gesellschaft:	89 442,– DM
Steuerschuld der Gesellschafter:	75 288,– DM
Summe:	**164 730,– DM**

Im Vergleich zur Besteuerung als Personenunternehmen ergibt sich folgende Minderbelastung:

Gesamtsteuerbelastung ohne Umwandlung:	181 173,– DM
Gesamtsteuerbelastung mit Umwandlung:	164 730,– DM
Differenz:	**16 443,– DM**

Beispiel 2: Besteuerung der Entnahmen nach dem Halbeinkünfteverfahren

Bei diesem Berechnungsbeispiel besteht keine Gehaltsvereinbarung zwischen Gesellschaftern und Gesellschaft. In diesem Fall erfolgt die Besteuerung nach dem Halbeinkünfteverfahren, da es sich um Dividenden handelt.

1. Berechnung der Gewerbesteuer-Rückstellung

Jahresüberschuss	400 000,– DM	
Abzgl. Arbeitslohn	– DM	
	400 000,– DM	
Zzgl. 50 % der Schuldzinsen	5 000,– DM	
Bemessungsgrundlage	405 000,– DM	
x 5 % =		20 250,– DM
Vorläufiger Messbetrag		20 250,– DM
x Hebesatz 400 % =		81 000,– DM
x 5/6 = GewSt-Aufwand		67 500,– DM

2. Ermittlung des zu versteuernden Einkommens und der Körperschaftsteuer

Jahresüberschuss vor GewSt	400 000,– DM
Abzüglich Gewerbesteueraufwand	– 67 500,– DM
Jahresüberschuss nach GewSt	332 500,– DM
Zzgl. Körperschaftsteuer	110 833,– DM
Zu versteuerndes Einkommen	443 333,– DM
x 25 % Körperschaftsteuer	**110 833,– DM**

3. Steuerschuld der Gesellschaft

Gewerbesteuer	67 500,– DM
Körperschaftsteuer	110 833,– DM
Summe	**178 333,– DM**

4. Einkommensteuer der Gesellschafter

	Ehemann A	**Ehefrau B**
Ausschüttung der Gesellschaft zu 50 %	50 000,– DM	50 000,– DM
Zinserträge		10 000,– DM
abzügl. Werbungskosten-pauschbetrag	– 100,– DM	– 100,– DM
Abzügl. Sparerfreibetrag	– 3 000,– DM	– 3 000,– DM
Einkünfte aus Kapitalvermögen	**46 900,– DM**	**56 900,– DM**
Einkünfte aus Vermietung und Verpachtung	**50 000,– DM**	

Summe der Einkünfte	**153 800,– DM**
Gesamtbetrag der Einkünfte	**153 800,– DM**
Abzüglich Sonderausgaben	– 15 000,– DM
Einkommen	**138 800,– DM**
Zu versteuerndes Einkommen	**138 800,– DM**
ZvE durch 54 teilbar	138 780,– DM
Zzgl. § 32 a Abs. 2 EStG	27,– DM
ZvE i. S. d. § 32 a Abs. 2 EStG	**138 807,– DM**

Hieraus ergibt sich unter Anwendung des für den Veranlagungszeitraum 2001 geltenden § 32 a EStG eine festzusetzende Einkommensteuer in Höhe von 32 862,– DM.

Die Gesamtsteuerbelastung errechnet sich folgendermaßen:

Steuerschuld der Gesellschaft:	178 333,– DM
Steuerschuld der Gesellschafter:	32 862,– DM
Summe:	**211 195,– DM**

Im Vergleich zur Besteuerung als Personenunternehmen ergibt sich folgende Mehrbelastung:

Gesamtsteuerbelastung ohne Umwandlung:	181 173,– DM
Gesamtsteuerbelastung mit Umwandlung:	211 195,– DM
Differenz:	**30 022,– DM**

Dieses Beispiel zeigt deutlich, dass im vorliegenden Fall die Entnahmen nicht nach dem Halbeinkünfteverfahren, sondern als Arbeitseinkünfte versteuert werden sollten, um einen höchstmöglichen Nutzen zu erzielen.

Notwendigkeit vertraglicher Regelungen

Falls Sie sich für eine Umwandlung entscheiden sollten, so müssen Sie bei allen rechnerischen Vorteilen stets bedenken, dass damit ein erheblicher Aufwand einhergeht, den es zu bewältigen gilt, wenn die Anerkennung durch das Finanzamt erfolgen soll.

Wichtig: Zur Anerkennung der Leistungsbeziehungen zwischen Gesellschaft und Gesellschafter müssen immer klare und im Voraus getroffene schriftliche Vereinbarungen vorliegen. Eine nachträgliche Vereinbarung mit Rückwirkung entfaltet keine steuerliche Wirksamkeit.

Im Wesentlichen betroffen sind hiervon Anstellungs-, Miet-, Pacht- und Darlehensverträge zwischen Gesellschaft und Gesellschafter.

Für die meisten Personenunternehmer entsteht hier erheblicher Umstellungsbedarf, da es bislang von eher untergeordnetem Interesse war, wie hoch beispielsweise die Vorwegvergütung für die Nutzungsüberlassung eines Grundstückes bemessen wurde. In Zukunft muss hierüber ein Vertrag geschlossen werden, welcher in gleicher Weise wie zwischen fremden Dritten gegenüber übliche Regelungen enthält.

Achtung: Sind die getroffenen Vereinbarungen nicht so beschaffen, so droht das Versagen der steuerlichen Anerkennung.

Verdeckte Gewinnausschüttung

Einen weiteren Problemkreis in diesem Zusammenhang bilden die verdeckten Gewinnausschüttungen, welche im Rahmen der Körperschaftsteuer eine Wissenschaft für sich bilden.

Grob ist hierunter zu verstehen, dass bei Übervorteilung eines Gesellschafters, beispielsweise durch die Vereinbarung eines zu hohen Gehalts, die Gewinnminderung bei der Gesellschaft in Höhe des unangemessenen Teils wieder rückgängig gemacht wird.

Gleichzeitig wird auf Grund des bereits stattgefundenen Abflusses finanzieller Mittel die verdeckte Gewinnausschüttung als offene Gewinnausschüttung mit den damit verbundenen steuerlichen Konsequenzen behandelt.

Die verdeckte Gewinnausschüttung wird also im Rahmen des Halbeinkünfteverfahrens beim Gesellschafter versteuert.

Wichtig: Aus den genannten Gründen ist daher ein besonderes Augenmerk auf das Treffen der notwendigen vertraglichen Vereinbarungen, auf deren Einhaltung und die Angemessenheit der Gegenleistungen zu richten.

In diesem Zusammenhang ist eine enge Zusammenarbeit mit dem Steuerberater zu empfehlen, damit alles seinen richtigen Weg geht.

Wie aus den beiden Beispielen ersichtlich wurde, ist die individuelle steuerliche Situation eines jeden Gesellschafters für die Entscheidung für oder wider die Umwandlung ausschlaggebend. Folglich ist genau zu berechnen, unter welchen Umständen und unter Wahl welcher Gestaltungsmöglichkeiten (zum Beispiel Dividende oder Lohn) ein günstigeres Ergebnis als bei Beibehaltung der bisherigen Rechtsform erreicht werden kann.

Gestaltungsempfehlung:

- Grundsätzlich kann dabei gesagt werden, dass die Vorteilhaftigkeit der Umwandlung erst dann gegeben ist, wenn der individuelle Steuersatz des Gesellschafters höher ist als die Definitivbelastung der Kapitalgesellschaft unter der Annahme der Gewinnthesaurierung.
- Aus dieser Grundüberlegung heraus ist die Umwandlung vor allem dann empfehlenswert, wenn die Gewinne im Unternehmen, beispielsweise zur Schuldentilgung, verbleiben sollen.

Interessante Änderungen im Einkommensteuergesetz

4

1. Was Sie beachten sollten

Im Folgenden werden verschiedene Änderungen im Einkommensteuergesetz mit ihren Auswirkungen kurz erläutert. Dabei wird an dieser Stelle nur noch auf einzelne Gesetzesänderungen eingegangen.

Zahlreiche Änderungen sind bereits in der Übersicht ab Seite 14 in unseres Erachtens ausreichender Form dargestellt, andere werden im Gesamtzusammenhang mit anderen Änderungen, wie beispielsweise dem Halbeinkünfteverfahren, ausführlich erläutert.

2. Minderung der degressiven Abschreibung

Bisher konnte für bewegliche Wirtschaftsgüter des Anlagevermögens eine degressive Abschreibung in Höhe des dreifachen linearen Abschreibungssatzes, maximal jedoch in Höhe von 30 % des Buchwertes, in Anspruch genommen werden.

Bei einem Wirtschaftsgut mit fünfjähriger Nutzungsdauer und Anschaffungskosten in Höhe von 10 000,– DM bedeutete dies, dass im Jahr der Anschaffung maximal 3 000,– DM abgeschrieben werden konnten. Im zweiten Jahr betrug der Absetzungsbetrag dann 30 % des Restbuchwertes von 7 000,– DM, was einen Abschreibungsbetrag in Höhe von 2 100,– DM ergab.

Achtung: Für ab dem 01.01.2001 angeschaffte Wirtschaftsgüter wird die degressive AfA nunmehr auf das Zweifache der linearen AfA und 20 % des Buchwertes herabgesetzt.

In unserem Beispielsfall beträgt die Absetzung nunmehr im Erstjahr maximal 2 000,– DM und im Zweitjahr maximal 1 600,– DM.

Gestaltungsempfehlung:

Bei einem Wirtschaftsgut mit fünfjähriger Nutzungsdauer wäre es bereits ab dem 2. Jahr nach der Anschaffung sinnvoll, zur linearen AfA überzugehen, da diese dann bereits 25 % beträgt und höher ist als der degressive AfA-Satz.

Insgesamt ergibt sich durch diese Neuregelung keine echte Steuermehrbelastung, sondern nur ein Zinsnachteil, da die gesamten Anschaffungs- oder Herstellungskosten letztendlich abgeschrieben werden können und somit nach wie vor den Gewinn in voller Höhe mindern. Allerdings verlagern sich die Gewinnminderungen nach hinten.

Achtung: Skeptisch ist diese Änderung jedoch besonders dahingehend zu betrachten, dass die Neuregelung als eher investitionsfeindlich einzustufen ist. Gerade in Phasen hoher Investitionstätigkeit ist die Liquidität besonders angespannt, was durch höhere Steuerzahlungen nun noch verschärft wird.

3. Herabsetzung der Abschreibung bei Wirtschaftsgebäuden

Die lineare Abschreibung in Höhe von 4 % der Anschaffungs- oder Herstellungskosten eines Gebäudes, welches zu einem Betriebsvermögen gehört und nicht Wohnzwecken dient, eines so genannten „Wirtschaftsgebäudes", wird auf 3 % herabgesetzt.

Achtung: Hier gilt das Gleiche wie zum vorgenannten Punkt. Gerade bei Immobilieninvestitionen werden hohe Mittel gebunden, so dass die Liquiditätssituation mancher Unternehmen zusätzlich angespannt wird.

4. Minderung von Anspar- und Sonderabschreibung

Zwei in hohem Maße mittelstandsfreundliche Komponenten im Steuerrecht sind zum einen die Anspar- und zum anderen die Sonderabschreibung.

Auf Grund von bestimmten Größenmerkmalen, die zur Inanspruchnahme nicht überschritten werden durften, kommen die beiden Regelungen ausschließlich kleineren und mittleren Betrieben zugute.

Bei der Sonderabschreibung konnte bisher zusätzlich zur normalen Abschreibung unter bestimmten Voraussetzungen (zum Beispiel musste es sich um ein neues bewegliches Wirtschaftsgut handeln, welches überwiegend, also zu mindestens 90 %, betrieblich genutzt wird) eine Sonderabschreibung in Höhe von 20 % in Anspruch genommen werden. Zusammen mit der degressiven AfA von bislang 30 % konnten also maximal 50 % der Anschaffungskosten eines Wirtschaftsgutes bereits im Jahr der Anschaffung gewinnmindernd geltend gemacht werden.

Die Ansparabschreibung ging über diese Konzeption noch hinaus. Hierbei konnte die Abschreibung eines beweglichen Wirtschaftsgutes mit 50 % der Anschaffungskosten bis zu zwei Jahre vor seiner Anschaffung vorgezogen werden. Im Jahr der Anschaffung wurde dann die gebildete Rücklage gewinnerhöhend wieder aufgelöst, während gleichzeitig durch 30 %ige degressive AfA und 20 %ige Sonder-AfA wieder ein gewinnmindernder Ausgleich geschaffen wurde.

Wurde das Wirtschaftsgut trotz Bildung der Ansparrücklage nicht angeschafft, so wurde die Rücklage in voller Höhe gewinnerhöhend aufgelöst und zusätzlich pro vollem Jahr der Inanspruchnahme ein Gewinnzuschlag von 6 % gerechnet.

Somit war es möglich, gerade bei schwankenden Gewinnen die Steuerlast in manchen Fällen sehr stark zu minimieren.

Achtung: In der neuen Gesetzeslage wurde die Ansparabschreibung nunmehr auf 40 % der voraussichtlichen Anschaffungskosten des Wirtschaftsgutes begrenzt.

Der ab 2001 geltende Prozentsatz ist hierbei im Zusammenhang mit der Absenkung der degressiven Abschreibung zu sehen.

Somit ist im Jahr der Anschaffung und der damit verbundenen Auflösung der Ansparrücklage die Möglichkeit gegeben, durch Inanspruchnahme der 20 %igen Sonderabschreibung und einer 20%igen degressiven Abschreibung abermals eine Erfolgsneutralität herbeizuführen, wie dies bislang ebenfalls gegeben war.

Wichtig: Nicht zu vergessen ist, dass das Niveau der Ansparrücklage um 10 % gesenkt wurde, was aus Sicht des Fiskus zu einem Zinsvorteil führt und je nach Gewinnentwicklung auch zu echten Steuermehreinnahmen führen kann.

5. Absenkung der Wesentlichkeitsgrenze

Bereits durch das Steuerentlastungsgesetz 1999/2000/2001 wurde die Wesentlichkeitsgrenze bei Anteilen an Kapitalgesellschaften auf 10 % gesenkt und nunmehr in einem weiteren Schritt auf 1 %.

Achtung: Dies hat zur Folge, dass alle Anteilsveräußerungen eines wesentlich Beteiligten an einer Kapitalgesellschaft im Rahmen des § 17 EStG der Besteuerung unterworfen werden.

Betroffen hiervon sind vor allem Gesellschafter von GmbHs und kleineren Aktiengesellschaften.

Allerdings wird die Neuregelung dadurch gemildert, dass es gleichzeitig einen „Freibetrag" in Höhe von 5 000,– DM des Anteils am

Nennkapital geben wird, was bei einer GmbH mit einem Stammkapital in Höhe von 50 000,– DM wieder zu einer Wesentlichkeitsgrenze in Höhe von 10 % führt.

6. Wiedereinführung des halben Steuersatzes

Für die Veranlagungszeiträume 1999 und 2000 im Rahmen des Steuerentlastungsgesetzes durch die rot-grüne Koalition abgeschafft, wird der halbe Steuersatz auf Gewinne, welche aus der Veräußerung eines Betriebes resultieren, wieder eingeführt. Gleichzeitig wird der Veräußerungsfreibetrag von 60 000,– DM auf 100 000,– DM erhöht.

Durch diese Maßnahmen, welche erst ganz zum Schluss als Zugeständnis an die FDP beschlossen wurden, haben zwei Komponenten in die Steuerreform Einzug gehalten, welche dem Mittelstand in erheblichem Maße zugute kommen, was das folgende Berechnungsbeispiel zeigt.

Wichtig: Hierbei ist zu beachten, dass der Freibetrag in Höhe von 100 000,– DM nur gewährt wird, wenn der Unternehmer entweder das 55. Lebensjahr vollendet hat oder aber dauernd berufsunfähig ist.

Der Freibetrag ermäßigt sich dabei um den Betrag, um den der Gewinn den Betrag von 300 000,– DM übersteigt. Ab einem Veräußerungsgewinn von 400 000,– DM ist der Freibetrag folglich aufgebraucht.

Unter der Veräußerung eines Betriebes wird dabei die Veräußerung eines ganzen Gewerbebetriebes, des Anteils an einer Mitunternehmerschaft, eines Teilbetriebes oder aber einer 100 %igen Beteiligung an einer Kapitalgesellschaft verstanden.

Bei einem verheirateten Unternehmer, welcher das 55. Lebensjahr bereits vollendet hat und seinen Betrieb mit einem Gewinn in Höhe von 300 000,– DM veräußert hat, ergeben sich nach altem und nach neuem Recht folgende Berechnungen. Hierbei wird davon ausgegangen, dass zusätzlich zum Veräußerungsgewinn noch 100 000,– DM an zusätzlichen Einkünften anfallen, Sonderausgaben etc. bleiben aus Vereinfachungsgründen außer Ansatz:

Altes Recht: so genannte Fünftelregelung

Einkommensteuer ohne Veräußerungsgewinn auf ein zu versteuerndes Einkommen von 100 000,– DM	21 810,– DM
Zu versteuerndes Einkommen ohne Veräußerungsgewinn plus 1/5 des Veräußerungsgewinns	150 000,– DM
Steuer hierauf	39 840,– DM
Steuer auf Veräußerungsgewinn	90 150,– DM
Steuer insgesamt	**111 960,– DM**

Neues Recht: halber durchschnittlicher Steuersatz

Zu versteuerndes Einkommen unter Berücksichtigung des Freibetrages von 100 000,– DM	300 000,– DM
Steuer nach Splittingtabelle	106 900,– DM
Durchschnittlicher Steuersatz	35,63 %
Halber durchschnittlicher Steuersatz	17,82 %
Steuer auf Veräußerungsgewinn	35 540,– DM
Steuer auf den Rest	19 352,– DM
Steuer insgesamt	54 892,– DM
Steuerersparnis durch Neuregelung	**57 068,– DM**

Es zeigt sich, dass durch die Neuregelungen tatsächlich eine beträchtliche Entlastung in das Einkommensteuergesetz Einzug gehalten hat, welche ausschließlich dem Mittelstand zugute kommt.

7. Anrechnung der Gewerbesteuer

Um die „Doppelbelastung" vieler Personenunternehmen durch Einkommen- und Gewerbesteuer zu kompensieren, wurde in der neuen Gesetzeslage eine in zweifacher Hinsicht steuerliche Entlastung eingeführt: Zum einen ist die Gewerbesteuer nach wie vor in voller Höhe als Betriebsausgabe abziehbar. Zum anderen wird die Einkommensteuer um den 1,8-fachen Gewerbesteuermessbetrag gemindert.

Wichtig: In besonderer Weise zugute kommt die Neuregelung dort, wo die Gewerbesteuerhebesätze niedrig sind und deutlich unter 400 % liegen. Dies kommt dadurch zustande, dass der vorläufige Gewerbesteuermessbetrag unabhängig vom Unternehmenssitz überall gleich hoch ist und der Entlastungsbetrag das Doppelte des Messbetrages beträgt.

Allerdings würde sich eine volle Entlastung von der Gewerbesteuer nur dann ergeben, wenn der zugrunde liegende Einkommensteuersatz 50 % betragen würde, der Gewerbesteuerhebesatz 400 % und der Gewerbesteuermessbetrag in doppelter Höhe (wie ursprünglich vorgesehen) abgerechnet werden könnte.

Zur Berechnung des Entlastungsbetrages ist es erforderlich, den „endgültigen" Messbetrag mit Hilfe der Divisormethode zu ermitteln, um der Abzugsfähigkeit der Gewerbesteuer von der eigenen Bemessungsgrundlage gerecht zu werden.

Bei niedrigen Hebesätzen ist folglich die Gewerbesteuerbelastung entsprechend niedriger bei gleich bleibender Entlastung durch die Einkommensteuer. Gleichzeitig ist auf Grund des kleineren Divisors bei niedrigeren Hebesätzen ein positiver Effekt auf die Einkommensteuerminderung festzustellen.

Das folgende Beispiel mag dies verdeutlichen:

Hebesatz 400 %

Jahresüberschuss	400 000,– DM	
Abzügl. Freibetrag	– 48 000,– DM	
Bemessungsgrundlage	352 000,– DM	
Staffelung	– 96 000,– DM	2 400,– DM
Verbleibende Bemessungsgrundlage	256.000,– DM	
x 5 % =		12 800,– DM
Vorläufiger Messbetrag		15 200,– DM
Endgültiger Messbetrag	Divisor 1,2	12 667,– DM
x Hebesatz 400 % =		**50 667,– DM**

Hebesatz 300 %

Jahresüberschuss	400 000,– DM	
Abzügl. Freibetrag	– 48 000,– DM	
Bemessungsgrundlage	352 000,– DM	
Staffelung	– 96 000,– DM	2 400,– DM
Verbleibende Bemessungsgrundlage	256 000,– DM	
x 5 % =		12 800,– DM
Vorläufiger Messbetrag		15 200,– DM
Endgültiger Messbetrag	Divisor 1,15	13 217,– DM
x Hebesatz 300 % =		**39 652,– DM**
Gewerbesteuerdifferenz:		**11 015,– DM**

Interessante Änderungen im Einkommensteuergesetz

Während der Entlastungsbetrag bei der Einkommensteuer bei einem Hebesatz von 400 % 22 800,– DM und bei einem Hebesatz von 300 % 23 790,– DM bei einem gleichzeitigen Gewerbesteuervorteil von 11 015,– DM beträgt, ist offensichtlich, dass die Entlastungswirkung mit sinkenden Hebesätzen steigt.

Insgesamt ist die Neuregelung als positiv zu bewerten, da sie eine echte und nicht unerhebliche Entlastung mit sich bringt.

Gleichzeitig wirkt sie der bereits seit langem anhaltenden Diskussion bezüglich der unterschiedlichen gewerbesteuerlichen Behandlung von Land- und Forstwirten, Gewerbetreibenden und Freiberuflern entgegen.

Sonderteil: Wichtige Änderungen des Steuerentlastungsgesetzes

5

1. Einschränkung des Verlustausgleichs

Rechtsgrundlage: § 2 EStG

„(1) Der Einkommensteuer unterliegen

1. Einkünfte aus Land- und Forstwirtschaft
2. Einkünfte aus Gewerbebetrieb
3. Einkünfte aus selbständiger Arbeit
4. Einkünfte aus nichtselbständiger Arbeit
5. Einkünfte aus Kapitalvermögen
6. Einkünfte aus Vermietung und Verpachtung
7. Sonstige Einkünfte im Sinne des § 22,

die der Steuerpflichtige während seiner unbeschränkten Einkommensteuerpflicht oder als inländische Einkünfte während seiner beschränkten Einkommensteuerpflicht erzielt. Zu welcher Einkunftsart die Einkünfte im einzelnen Fall gehören, bestimmt sich nach den §§ 13 bis 24.

(2) Einkünfte sind

1. bei Land- und Forstwirtschaft, Gewerbebetrieb und selbständiger Arbeit der Gewinn (§§ 4 bis 7 k)
2. bei den anderen Einkunftsarten der Überschuss der Einnahmen über die Werbungskosten (§§ 8 bis 9 a).

(3) Die Summe der Einkünfte, vermindert um den Altersentlastungsbetrag und den Abzug nach § 13 Abs. 3, ist der Gesamtbetrag der Einkünfte. Bei der Ermittlung der Summe der Einkünfte sind zunächst jeweils die Summen der Einkünfte aus jeder Einkunftsart, dann die Summe der positiven Einkünfte zu ermitteln. Die Summe der positiven Einkünfte ist, soweit sie den Betrag von 100 000 Deutsche Mark übersteigt, durch negative Summen der Einkünfte aus anderen Einkunftsarten nur bis zur Hälfte zu mindern. Die Minderung ist in dem Verhältnis vorzunehmen, in dem die positiven Summen der Einkünfte aus verschiedenen Einkunftsarten zur Summe der positiven Einkünfte stehen. Übersteigt die Summe der negativen Einkünfte den nach Satz 3 ausgleichsfähigen Betrag, sind die negativen Summen der Einkünfte aus verschiedenen Einkunftsarten in dem Verhältnis zu berücksichtigen, in dem sie zur Summe der negativen Einkünfte stehen. Bei Ehegatten, die nach den §§ 26, 26 b zusammen veranlagt werden, sind nicht nach Satz 2 bis 5 ausgeglichene negative Einkünfte des einen Ehegatten

dem anderen Ehegatten zuzurechnen, soweit sie bei diesem nach den Sätzen 2 bis 5 ausgeglichen werden können; können negative Einkünfte des einen Ehegatten bei dem anderen Ehegatten zu weniger als 100 000 Deutsche Mark ausgeglichen werden, sind die positiven Einkünfte des einen Ehegatten über die Sätze 2 bis 5 hinaus um den Unterschiedsbetrag bis zu einem Höchstbetrag von 100 000 Deutsche Mark durch die noch nicht ausgeglichenen negativen Einkünfte dieses Ehegatten zu mindern, soweit der Betrag der Minderungen bei beiden Ehegatten nach den Sätzen 3 bis 6 den Betrag von 200 000 Deutsche Mark zuzüglich der Hälfte des den Betrag von 200 000 Deutsche Mark übersteigenden Teils der zusammengefassten Summe der positiven Einkünfte beider Ehegatten nicht übersteigt. Können negative Einkünfte des einen Ehegatten bei ihm nach Satz 3 zu weniger als 100 000 Deutsche Mark ausgeglichen werden, sind die positiven Einkünfte des anderen Ehegatten über die Sätze 2 bis 6 hinaus um den Unterschiedsbetrag bis zu einem Höchstbetrag von 100 000 Deutsche Mark durch die noch nicht ausgeglichenen negativen Einkünfte des einen Ehegatten zu mindern, soweit der Betrag der Minderungen bei beiden Ehegatten nach den Sätzen 3 bis 7 den Betrag von 200 000 Deutsche Mark zuzüglich der Hälfte des den Betrag von 200 000 Deutsche Mark übersteigenden Teils der zusammengefassten Summe der positiven Einkünfte beider Ehegatten nicht übersteigt. Satz 4 und 5 gilt entsprechend.

(4) ..."

Ziele der Bundesregierung

Nach Auffassung der neuen Bundesregierung ist die Begrenzung des Verlustausgleichs zwischen den Einkünften geboten, um zu verhindern, dass Einkünfte der Besteuerung insbesondere durch so genannte „Abschreibungsmodelle" entzogen werden, bei denen die Verluste nicht wirtschaftlich, sondern nur durch Abschreibungen erzielt werden.

Die Begrenzung der Verlustverrechnung zielt dabei vor allem auf vermögensverwaltende und auch auf gewerblich geprägte Abschreibungsmodelle. Somit soll eine Besteuerung nach der Leistungsfähigkeit sichergestellt und die Vorgaben des Bundesverfassungsgerichts zur Verlustverrechnung erfüllt werden. Hierdurch wird eine Mindestbesteuerung der aktiven Einkünfte sichergestellt.

Fazit für den Steuerpflichtigen

Ein wesentliches Merkmal der bisherigen Einkommensermittlung zum Zwecke der Besteuerung ist die Möglichkeit, Verluste nicht nur mit Gewinnen aus der gleichen, sondern grundsätzlich auch aus allen anderen Einkunftsarten unbegrenzt verrechnen zu können.

Dadurch kann die wirtschaftliche Härte, die häufig mit der Realisierung von Verlusten verbunden ist, im Extremfall auf Grund der hohen Spitzensteuersätze und unter Berücksichtigung von Solidaritätszuschlag und Kirchensteuer mit teilweise über 60 % stark gemildert werden. Aber auch die Vermögensbildung durch Ausnutzung der Verlustausgleichsmöglichkeiten profitiert hiervon.

Beliebte Steuersparmodelle

- Der Bau von Mietwohnungen, da auf Grund der eingeräumten hohen Abschreibungsmöglichkeiten gerade in den ersten Jahren ein hoher Verlust aus Vermietung und Verpachtung entsteht, der mit positiven Einkünften aus anderen Einkunftsarten verrechnet werden konnte.
- Investitionsmöglichkeiten in die unterschiedlichsten Beteiligungsformen (Schiffsbeteiligungen, Immobilienfonds, Windkraftanlagen etc.) werden auch nach wie vor als sehr beliebte Steuersparmodelle genutzt.

Wichtig: Da bei den so genannten Abschreibungsmodellen die Verluste nicht wirtschaftlich, sondern auf Grund der hohen Abschreibungen entstehen, soll die Verlustverrechnung begrenzt werden. Allerdings ist diese Maßnahme insgesamt als sehr fragwürdig anzusehen. Denn schließlich verhalten sich die Bürger, die von den Abschreibungsmöglichkeiten Gebrauch machen, nicht ungesetzlich. Im Gegenteil, die Abschreibungsmöglichkeiten beruhen auf geltendem Recht und sind nicht irgendwelchen findigen Köpfen entsprungen, wie es oft dargestellt wird.

Profi-Tipp:

- Um den Verlustausgleichsmöglichkeiten einen Riegel vorzuschieben, wird der unbegrenzte Ausgleich zwischen den Einkunftsarten in Zukunft nicht mehr möglich sein.
- Die entscheidende Änderung gegenüber der bisherigen Rechtslage besteht nun darin, dass Sie Verluste aus einer Einkunftsart nicht mehr unbegrenzt mit Gewinnen aus einer anderen Einkunftsart verrechnen dürfen.

Die Mindestbesteuerung hält Einzug

Bei ledigen Personen dürfen solche Verluste aus einer Einkunftsart nur noch bis zu einer Höhe von 100 000 DM, bei verheirateten Personen bis zu einer Höhe von 200 000 DM mit positiven Einkünften aus einer anderen Einkunftsart ausgeglichen werden. Übersteigende Beträge dürfen nur noch bis zu 50 % ausgeglichen werden. Hierdurch hat die geforderte Mindestbesteuerung Einzug in das deutsche Steuerrecht gehalten.

Checkliste: Ermittlung der Summe der Einkünfte ab 1999

1. Ermittlung der Summe der Einkünfte aus jeder einzelnen Einkunftsart
2. Ermittlung der Summe der positiven Einkünfte
3. Ausgleich der positiven Summe der Einkünfte mit den negativen Summen der Einkünfte aus den anderen Einkunftsarten bis maximal 100 000 DM
4. Übersteigt die positive Summe der Einkünfte den Betrag von 100 000 DM und ist die negative Summe der anderen Einkunftsarten noch nicht ausgeglichen, darf der weitere Ausgleich maximal 50 % des die Summe der positiven Einkünfte übersteigenden Betrages betragen. Dabei sind die positiven Einkünfte jeweils in dem Verhältnis zu mindern, wie sie zur Summe der positiven Einkünfte stehen. Gleiches gilt für die negativen Einkünfte.

Wichtige Änderungen des Steuerentlastungsgesetzes

Bei Ehegatten, die zusammen veranlagt werden, können weitere negative Einkünfte aus passiver Tätigkeit von einem Ehegatten auf den anderen Ehegatten übertragen werden, soweit dieser mit seinen eigenen Einkünften die oben genannten Grenzen nicht ausgeschöpft hat.

Darüber hinaus können negative passive Einkünfte in den Folgejahren ausgeglichen werden.

Das folgende Beispiel verdeutlicht die Berechnung, wobei aus Vereinfachungsgründen bei dem verheirateten Steuerpflichtigen unterstellt wird, dass die Ehefrau keinerlei eigene Einkünfte bezieht:

Beispiel:

	ledig	**verheiratet**
Einkünfte aus Gewerbebetrieb 1:	220 000 DM	220 000 DM
Einkünfte aus Gewerbebetrieb 2:	–720 000 DM	–720 000 DM
Einkünfte aus Gewerbebetrieb 3:	50 000 DM	50 000 DM
Einkünfte aus nichtselbstständiger Arbeit:	300 000 DM	300 000 DM
Einkünfte aus Kapitalvermögen:	100 000 DM	100 000 DM
Einkünfte aus Vermietung und Verpachtung Haus 1:	./. 245 000 DM	./. 245 000 DM
Einkünfte aus Vermietung und Verpachtung Haus 2:	95 000 DM	95 000 DM
Summe der Einkünfte aus Gewerbebetrieb:	–450 000 DM	–450 000 DM
Summe der Einkünfte aus nichtselbstständiger Arbeit:	300 000 DM	300 000 DM
Summe der Einkünfte aus Kapitalvermögen:	100 000 DM	100 000 DM
Summe der Einkünfte aus Vermietung und Verpachtung:	./. 150 000 DM	./. 150 000 DM

Summe der positiven Einkünfte:	**400 000 DM**	**400 000 DM**
Minderung der Summe der positiven Einkünfte um 100 000/200 000	./. 100.000 DM	./. 200 000 DM
Verbleibender Betrag	300 000 DM	200 000 DM
Minderung um maximal 50 %	./. 150 000 DM	./. 100 000 DM
Summe der Einkünfte	**150 000 DM**	**100 000 DM**

Von der Minderung der Summe der positiven Einkünfte in Höhe von insgesamt 250 000 DM/300 000 DM entfallen auf die Einkünfte aus nichtselbstständiger Arbeit 75 % (= 187 500 DM/225 000 DM) und auf die Einkünfte aus Kapitalvermögen 25 % (= 62 500 DM/75 000 DM).

Demnach verbleiben an nicht ausgleichsfähigen positiven Einkünften bei den Einkünften aus nichtselbstständiger Arbeit 112 500 DM/ 75 000 DM und bei den Einkünften aus Kapitalvermögen 37 500 DM/ 25 000 DM.

Bei den ausgleichsfähigen Verlusten in Höhe von insgesamt 250 000 DM/300 000 DM entfallen auf die Einkünfte aus Gewerbebetrieb 75 % (= 187 500 DM/225 000 DM) und auf die Einkünfte aus Vermietung und Verpachtung 25 % (= 62 500 DM/75 000 DM).

Demnach verbleiben an nicht ausgleichsfähigen Verlusten bei den Einkünften aus Gewerbebetrieb ein Betrag in Höhe von 262 500 DM/ 225 000 DM und bei den Einkünften aus Vermietung und Verpachtung ein Betrag in Höhe von 87 500 DM/75 000 DM.

Diese Beträge können im Rahmen des Verlustrücktrages im vorhergehenden Veranlagungszeitraum berücksichtigt werden. Sind noch nicht alle Verluste ausgeglichen, so werden die übersteigenden Beträge gesondert festgestellt und in zukünftige Veranlagungszeiträume vorgetragen.

Im beschriebenen Beispiel versteuert der Steuerpflichtige entgegen der bisherigen Regelung und unabhängig davon, dass sich seine Einkommenssituation nicht im geringsten geändert hat, als Verheirateter nun 100 000 DM, als Lediger sogar 150 000 DM mehr als vorher. Darüber hinaus hätte er nach altem Recht einen verbleibenden Verlustabzug in Höhe von insgesamt 200 000 DM, den er hätte entweder rück- oder vortragen können.

Profi-Tipp:

- Bitte beachten Sie: Da es einer hohen Investitionssumme bedarf, um Verluste in der oben dargestellten Form zu erhalten, ist die Zielrichtung der Initiative klar und soll vor allem diejenigen treffen, die ihre Steuerlast durch so genannte „Steuerschlupflöcher" drastisch verringern.
- Aber nicht nur diese Personengruppe wird durch die Mindestbesteuerung getroffen, sondern auch alle anderen Personen, die wirtschaftlich tätig sind und durch ihre Investitions- und Risikobereitschaft Verluste erleiden.

An dieser Stelle stellt sich die berechtigte Frage, wie es in einem solchen Fall mit den Zielen einer gleichmäßigen und der Leistungsfähigkeit entsprechenden Besteuerung aussieht.

2. Auslandsaktivitäten

Rechtsgrundlage: § 2 a Abs. 3 und 4 EStG; § 10d EStG

§ 2 a Abs. 3 und 4 EStG werden aufgehoben.

Ziele der Bundesregierung

Die Regelung, durch die Verluste aus Betriebsstätten in einem Staat, mit dem ein Doppelbesteuerungsabkommen besteht, verrechnet werden können, werden als systemwidrig angesehen. Zudem haben sie den Finanzämtern erhebliche Schwierigkeiten bereitet.

Von der Verlustverrechnungsmöglichkeit wurde regelmäßig Gebrauch gemacht, wenn Unternehmer für ihre ausländischen Betriebsstättenverluste eine höhere Steuerminderung erreichen wollten, als es durch den negativen Progressionsvorbehalt möglich war.

Fazit für den Steuerpflichtigen

Die so genannten Doppelbesteuerungsabkommen, die mit den wichtigsten ausländischen Staaten abgeschlossen wurden, sollen eine zweifache Besteuerung verhindern. Sie sind so beschaffen, dass Gewinne aus einer ausländischen Betriebsstätte im ausländischen Staat besteuert werden. Der Wohnsitzstaat des Steuerpflichtigen muss diese Einkünfte folglich im Inland – mit Ausnahme des Progressionsvorbehaltes – steuerfrei stellen.

Über diese Regelungen hinausgehend ermöglichte es das Einkommensteuergesetz dem Steuerpflichtigen, dass Verluste aus „aktiven" Auslandstätigkeiten mit inländischen Gewinnen verrechnet werden konnten. Es wurde so getan, als ob kein Doppelbesteuerungsabkommen bestehen würde, was dem inländischen Steuerpflichtigen zugute kam. Auf diese Weise war es möglich, ausländische Verluste im Inland steuerlich geltend zu machen. Mangels positiver inländischer Einkünfte konnten nicht abziehbare ausländische Einkünfte sogar zurückgetragen werden und mit positiven Einkünften der beiden vorangegangenen Jahre verrechnet werden.

Wurden in künftigen Jahren in der ausländischen Betriebsstätte wieder Gewinne gemacht, so mussten diese dem Gesamtbetrag der Einkünfte des entsprechenden Jahres hinzugerechnet und in Deutschland der Einkommensteuer unterworfen werden.

Profi-Tipp:

- Bitte beachten Sie: Die Möglichkeiten des Verlustausgleichs bei negativen ausländischen Einkünften sind ab 01.01.1999 restlos beseitigt worden, was zahlreiche Unternehmer trifft. Häufig wurde von dieser Regelung Gebrauch gemacht, um ausländische Verluste im Inland steuerlich geltend zu machen.
- Erhalten bleibt allerdings weiterhin die Möglichkeit, die Verluste im Rahmen des so genannten „negativen Progressionsvorbehaltes" geltend zu machen.

3. Steuerminderung durch Verluste nicht mehr möglich!

Rechtsgrundlage: § 2 b EStG

„Negative Einkünfte aus der Beteiligung an Verlustzuweisungsgesellschaften und ähnlichen Modellen

Negative Einkünfte auf Grund von Beteiligungen an Gesellschaften oder Gemeinschaften oder ähnlichen Modellen dürfen nicht mit anderen Einkünften ausgeglichen werden, wenn bei dem Erwerb oder der Begründung der Einkunftsquelle die Erzielung eines steuerlichen Vorteils im Vordergrund steht. Sie dürfen auch nicht nach § 10 d abgezogen werden. Die Erzielung eines steuerlichen Vorteils steht insbesondere dann im Vordergrund, wenn nach dem Betriebskonzept der Gesellschaft oder Gemeinschaft oder des ähnlichen Modells die Rendite auf das einzusetzende Kapital nach Steuern mehr als das Doppelte dieser Rendite vor Steuern beträgt und ihre Betriebsführung überwiegend auf diesem Umstand beruht, oder wenn Kapitalanlegern Steuerminderungen durch Verlustzuweisungen in Aussicht gestellt werden. Die negativen Einkünfte mindern nach Maßgabe des § 2 Abs. 3 die positiven Einkünfte, die der Steuerpflichtige in demselben Veranlagungszeitraum aus solchen Einkunftsquellen erzielt hat, und nach Maßgabe des § 10 d die positiven Einkünfte, die der Steuerpflichtige in dem unmittelbar vorangegangenen Veranlagungszeitraum oder in den folgenden Veranlagungszeiträumen aus solchen Einkunftsquellen erzielt hat oder erzielt."

Ziele der Bundesregierung

In gleicher Weise wie durch die Einführung der Mindestbesteuerung soll durch den neu in das Einkommensteuergesetz eingeführten § 2 b erreicht werden, dass Investitionen, die bislang vor allem vor dem Hintergrund der Steuerersparnis getätigt wurden, unterbleiben. Der Gesetzgeber will erreichen, dass vor allem Personen mit hohem Einkommen, die vorrangig in Beteiligungen an Verlustzuweisungsgesellschaften investiert haben und damit ihre Steuerlast trotz des hohen Einkommens vielfach auf null gesenkt haben, in Zukunft wieder Steuern zahlen müssen.

Fazit für den Steuerpflichtigen

Die Folgen für den Steuerpflichtigen aus der zitierten Neufassung sind relativ einfach zu erkennen:

Profi-Tipp:

Bitte beachten Sie: Es wird in Zukunft nicht mehr möglich sein, Verluste steuermindernd geltend zu machen, die ausschließlich zum Zwecke der Steuerminderung „produziert" wurden.

In Bezug auf die Bewertung gilt es darzustellen, wie eine Verlustzuweisungsgesellschaft funktioniert und was sich hinter diesem Gebilde verbirgt. Nur so ist es möglich, ein vernünftiges Urteil über die als Argumentationshilfe für die Einschränkung von Steuerermäßigungen häufig genannten Modelle abzugeben.

Was ist eine Verlustzuweisungsgesellschaft?

Bei den Verlustzuweisungsgesellschaften handelt es sich um Personenzusammenschlüsse in gesellschafts- oder gemeinschaftsrechtlicher Form, deren Gegenstand insbesondere die Herstellung oder Anschaffung eines Anlageobjekts und dessen Nutzungsüberlassung ist. Die Beteiligung erfolgt in der Absicht, damit Verluste zu erzielen.

Wichtige Änderungen des Steuerentlastungsgesetzes

Die Kapitalanleger wollen durch den Beitritt an der Verlustzuweisungsgesellschaft – zumindest für eine gewisse Zeit – steuerliche Vorteile erzielen. Daher beteiligen sie sich an den negativen Einkünften der Gesellschaft. Verlustzuweisungsgesellschaften sind insbesondere gewerbliche Abschreibungsgesellschaften sowie vermögensverwaltende Gesellschaften, wenn von den Initiatoren mit negativen Einkünften geworben wird.

Durch die Systematik des Einkommensteuergesetzes ist es unter Berücksichtigung der neu eingeführten Einschränkungen in Bezug auf die vertikale Verlustverrechnung möglich, dass Anteilseignern die Verluste aus einer Beteiligung im Jahr der Entstehung zugewiesen werden und diese mit positiven Einkünften aus derselben Einkunftsart unbeschränkt und mit positiven Einkünften aus einer anderen Einkunftsart beschränkt ausgeglichen werden können, was zu Steuerminderungen führt.

In der Vergangenheit sind Verluste vor allem durch Sonderabschreibungen und die „Produktion" so genannter „weicher Kosten" entstanden. Weiche Kosten sind vor allem Beratungs- und Verwaltungskosten, denen kein veräußerbarer Wert gegenübersteht. Auch Sofortabschreibungen für immaterielle und geringwertige Wirtschaftsgüter führen häufig zu erheblichen Anfangsverlusten.

Die typischen Verlustzuweisungsgesellschaften arbeiten meist mit hohem Fremdkapital. Hierdurch kann es ohne weiteres sein, dass Verlustzuweisungen von mehr als 100 % auf das eingesetzte Kapital entstehen.

Profi-Tipp:

Bitte beachten Sie: Je höher in einem solchen Fall der persönliche Einkommensteuersatz ist, umso höher fällt die Steuerersparnis aus.

Wichtig: Bei der ganzen Argumentation gegen Steuersparmodelle werden jedoch einige Tatsachen verschwiegen, die zur Beurteilung der Gesamtsituation von maßgeblicher Bedeutung sind.

So ist es in der Bundesrepublik Deutschland auf Grund der Gesetzessystematik grundsätzlich nicht möglich, ohne wirtschaftliche Belastung auf Dauer steuerliche Vorteile zu ziehen.

Beispiel:

Ein Arzt erwirbt eine Beteiligung an einer Verlustzuweisungsgesellschaft, z. B. an einer Bauherrengemeinschaft, in Höhe von 50 000 DM. Auf Grund des hohen Fremdkapitalanteils in der Gesellschaft, verbunden mit hohen weichen Kosten und der Inanspruchnahme von Sonderabschreibungen, erhält der Arzt im ersten Jahr eine Verlustzuweisung in Höhe von 100 000 DM, also 200 % auf das eingesetzte Kapital.

Da sein Einkommen in der obersten Progressionsstufe liegt, spart er folglich 53 %, also 53 000 DM an Steuern. Er hat somit eine Steuerersparnis, die um 3 000 DM höher liegt als sein eingesetztes Kapital. Ein gutes Geschäft – vordergründig betrachtet.

Nehmen wir an, dass es sich trotz hoher weicher Kosten um eine „gute" Investition handelt. Die gebauten Objekte werden alle zu guten Konditionen vermietet; die Bauherrengemeinschaft erzielt folglich Einnahmen.

Von diesen Einnahmen werden die Kosten des laufenden Jahres und die noch möglichen Abschreibungen abgezogen. Da jedoch insgesamt niemals mehr als die vollen Anschaffungs- oder Herstellungskosten eines Objektes abgeschrieben werden können, fallen die Abschreibungen infolge der Inanspruchnahme der Sonderabschreibungen entsprechend niedriger aus, so dass ab einem gewissen Zeitpunkt die Einnahmen höher als die Kosten sind. Dies führt zu Gewinnen, die unser Arzt mit seinem Steuersatz von 53 % versteuern muss. Über die Laufzeit des Invests hinweg hat er auf Grund der Steuerersparnis in den ersten Jahren lediglich einen Liquiditäts- und somit einen Zinsvorteil – einen Steuervorteil erzielt er grundsätzlich nicht.

Sollte die Investition sich als schlecht erweisen und die Bauherrengemeinschaft im Extremfall sogar die Liquidation betreiben, so muss der Investor für die aufgelaufenen Verluste haften und die auf ihn entfallenden Verlustanteile zahlen. Insofern ist es nun einmal nur möglich, für eine wirtschaftliche Belastung von 1 DM maximal 0,53 DM an Einkommensteuer zu sparen.

Fazit für den Steuerpflichtigen

Ist die Haftung des Anteilseigners eingeschränkt, wie beispielsweise bei einer Kommanditgesellschaft, so können höhere Verluste als die Kapitaleinlage auf Grund der gesetzlichen Regelungen grundsätzlich nicht ausgeglichen werden.

Offen bleibt die Frage, ob der Staat durch die Abschaffung der Ausgleichsfähigkeit von Verlusten aus Verlustzuweisungsgesellschaften tatsächlich mehr Steuern einnimmt, da letztlich weniger Güter produziert werden, die insgesamt über Umsatz-, Gewerbe-, Körperschaft- und Einkommensteuer zu einem höheren Steueraufkommen geführt haben, als auf der anderen Seite gespart wurde.

Wichtig: Es besteht durchaus die Gefahr, dass durch die Neuregelungen das Bruttoinlandsprodukt sinken wird.

4. Einschränkung von steuerfreien Einkünften

Die Steuerfreiheit von Entlassungsabfindungen, Übergangsgeldern und Übergangsbeihilfen auf Grund gesetzlicher Vorschriften wegen Entlassung aus dem Dienstverhältnis sowie die Steuerfreistellung von Jubiläumszuwendungen wird weiter eingeschränkt.

Rechtsgrundlagen: §§ 3 Nr. 9, 10 und 52 EStG; § 3 LStDV

„Steuerfrei sind

...

9. Abfindungen wegen einer vom Arbeitgeber veranlassten oder gerichtlich ausgesprochenen Auflösung des Dienstverhältnisses, höchstens jedoch 16 000 Deutsche Mark. Hat der Arbeitnehmer das 50. Lebensjahr vollendet und hat das Dienstverhältnis mindestens 15 Jahre bestanden, so beträgt der Höchstbetrag 20 000 Deutsche Mark, hat der Arbeitnehmer das 55. Lebensjahr vollendet und hat das Dienstverhältnis mindestens 20 Jahre bestanden, so beträgt der Höchstbetrag 24 000 Deutsche Mark;

10. Übergangsgelder und Übergangsbeihilfen auf Grund gesetzlicher Vorschriften wegen Entlassung aus einem Dienstverhältnis, höchstens jedoch 24 000 Deutsche Mark;

...

52. (aufgehoben)."

Ziele der Bundesregierung

Die als sozial ausgewogen postulierte Änderung soll sicherstellen, dass kleinere und mittlere Abfindungen (Entlassungsentschädigungen) weiterhin steuerfrei bleiben.

Die nach geltendem Recht geregelte Freistellung von Übergangsgeldern und Übergangsbeihilfen wegen Entlassung aus einem Dienstverhältnis war auf eine Gleichbehandlung von gesetzlichen Entlassungsentschädigungen und den arbeitsrechtlichen Entlassungsabfindungen gerichtet. Da die Steuerfreiheit bei arbeitsrechtlichen Entlassungsabfindungen eingeschränkt wurde, steht die Einschränkung der Steuerbefreiung für Entlassungsabfindungen ebenfalls in unmittelbarem Zusammenhang.

Der Wegfall der Steuerfreiheit für Jubiläumszuwendungen wurde abgeschafft, weil sie dem Grundsatz der Besteuerung nach der wirtschaftlichen Leistungsfähigkeit widerspricht. Sie verstößt nach Auffassung der neuen Bundesregierung gegen das Gebot der steuerlichen Gleichbehandlung, weil nur Arbeitnehmer, die eine entsprechende Zuwendung erhalten, eine steuerliche Anerkennung ihrer Betriebstreue erfahren. Arbeitnehmer, die keine entsprechenden Lohnzuwendungen erhalten und Steuerpflichtige, die keine Arbeitnehmer sind, können anlässlich eines Berufs- oder Geschäftsjubiläums keine Steuerbefreiung für entsprechende Einkommensteile in Anspruch nehmen.

Fazit für den Steuerpflichtigen

Entlassungsentschädigungen

Abfindungen wegen einer vom Arbeitgeber veranlassten oder gerichtlich ausgesprochenen Auflösung des Dienstverhältnisses blieben bisher bis zu einem Betrag von 24 000 DM steuerfrei. Hatte der Arbeitnehmer das 50. Lebensjahr vollendet und hatte das Dienstverhältnis mindestens 15 Jahre bestanden, so betrug der Höchstbetrag 30 000 DM. Gar 36 000 DM blieben steuerfrei, wenn der Arbeitnehmer das 55. Lebensjahr vollendet hatte und mindestens 20 Jahre im Unternehmen beschäftigt war.

Profi-Tipp:

Bitte beachten Sie: Durch die Neuregelungen wurden die Freibeträge reduziert. Ab sofort sind nur noch Abfindungen bis zu einem Betrag von 16 000 DM steuerfrei. Die weiteren Freibeträge unter den gleichen Bedingungen wie vorher betragen 20 000 DM bzw. 24 000 DM.

Da gerade in den vergangenen Jahren wegen der Auflösung von Arbeitsverhältnissen häufig Abfindungen gezahlt wurden, werden durch diese Maßnahme nicht nur diejenigen getroffen, die immens hohe Abfindungen erhalten haben. Diesen Personenkreis trifft es am wenigsten, da die bisherigen Freibeträge in Relation zu den gezahlten Abfindungen ohnehin nur mäßig zu Buche schlugen und der größte Teil voll versteuert werden musste.

Achtung: Am härtesten trifft es die Personen, die nur verhältnismäßig geringe Abfindungen erhalten. Unter Umständen wird die Abfindung noch auf das Arbeitslosengeld angerechnet.

Für die Unternehmer könnte sich in Zukunft daraus die negative Konsequenz ergeben, dass die Abfindungsforderungen und die gerichtliche Festsetzung von Abfindungen deutlich nach oben gehen. Folglich wären es die Unternehmen, die eine zusätzliche Steuerlast zu tragen hätten. Bleibt zu hoffen, dass diese Vision nicht eintritt und die Betriebe nicht noch mehr belastet werden.

Steuerpflicht von Übergangsgeldern

Bisher waren Übergangsgelder, die Beamte, Soldaten und Minister beim Ausscheiden aus dem Dienstverhältnis erhielten, steuerfrei.

Die Steuerfreiheit dieser Bezüge wurde eingeschränkt. Dies trifft vor allem junge Zeitsoldaten, deren Dienstzeit nicht verlängert wird.

Zeitsoldaten erhalten bei ihrem Ausscheiden aus dem Dienst in Abhängigkeit von ihrer Wehrdienstzeit ein einmaliges Übergangsgeld, das die Eingliederung in einen Zivilberuf erleichtern soll.

Allerdings ist anzumerken, dass die Übergangsgelder nur selten den Betrag von 24 000 DM übersteigen. Wesentlich stärker betroffen sind somit höhere Beamte und Minister.

Wegfall der Steuerfreiheit von Jubiläumszuwendungen

Während bislang besondere Zuwendungen des Arbeitgebers an seine Arbeitnehmer bei einem Dienst- oder Firmenjubiläum bis zu bestimmten Höchstbeträgen steuerfrei waren, unterliegen sie fortan der Lohnversteuerung.

Wichtige Änderungen des Steuerentlastungsgesetzes

Folgende Beträge konnten steuerfrei ausgezahlt werden:

- 10-jähriges Arbeitnehmerjubiläum 600 DM
- 20-jähriges Arbeitnehmerjubiläum 1 200 DM
- 40-, 50- oder 60-jähriges Arbeitnehmerjubiläum 2 400 DM
- 25-, 50-, 75- etc. -jähriges Firmenjubiläum 1 200 DM

Wichtig: Mit dem Wegfall der Steuerfreiheit unterliegen diese Einkünfte dem vollen Lohnsteuerabzug.

5. Absenkung des Sparerfreibetrages bei Einkünften aus Kapitalvermögen

Rechtsgrundlage: § 20 Abs. 4 EStG

In § 20 Abs. 4 werden jeweils der Betrag „6 000 Deutsche Mark" durch den Betrag „3 000 Deutsche Mark" und der Betrag „12 000 Deutsche Mark" durch den Betrag „6 000 Deutsche Mark" ersetzt.

Anwendungszeitpunkt: (§ 52 Abs. 37 EStG)

§ 20 Abs. 4 EStG in der Fassung des Gesetzes vom 24.03.1999 (BGBl S. 410) ist erstmals für den Veranlagungszeitraum 2000 anzuwenden.

Ziele der Bundesregierung

Durch die Änderung in Absatz 4 wird der Sparerfreibetrag ab dem Veranlagungszeitraum 2000 auf 3 000 DM bzw. 6 000 DM bei zusammenveranlagten Ehegatten halbiert. Die Absenkung steht in Zusammenhang mit der Streichung bzw. Absenkung weiterer Freibeträge und ist wegen der Gleichmäßigkeit der Besteuerung der unterschiedlichen Einkunftsarten geboten. Sie dient der Finanzierung einer spürbaren Tarifabsenkung.

Fazit für den Steuerpflichtigen

Die Begründung der Regierung für die Absenkung der Freibeträge erscheint sehr dürftig. Sie ist letztlich wie die Einführung dieser Freibeträge eine politische Entscheidung. Im vorliegenden Fall ist davon auszugehen, dass man mehr Steuereinnahmen benötigt, um andere Maßnahmen gegenzufinanzieren.

6. Verlängerung der Spekulationsfrist bei privaten Veräußerungsgeschäften

Rechtsgrundlage: § 23 EStG

§ 23 wird wie folgt gefaßt:

„(1) Private Veräußerungsgeschäfte (§ 22 Nr. 2) sind

1. Veräußerungsgeschäfte bei Grundstücken und Rechten, die den Vorschriften des bürgerlichen Rechts über Grundstücke unterliegen (z. B. Erbbaurecht, Mineralgewinnungsrecht), bei denen der Zeitraum zwischen Anschaffung und Veräußerung nicht mehr als zehn Jahre beträgt. Ein innerhalb dieses Zeitraums fertiggestelltes Gebäude ist einzubeziehen. Ausgenommen sind Wirtschaftsgüter, die im Zeitraum zwischen Anschaffung oder Fertigstellung und Veräußerung ausschließlich zu eigenen Wohnzwecken oder im Jahr der Veräußerung und in den beiden vorangegangenen Jahren zu eigenen Wohnzwecken genutzt wurden;
2. Veräußerungsgeschäfte bei anderen Wirtschaftsgütern, insbesondere bei Wertpapieren, bei denen der Zeitraum zwischen Anschaffung und Veräußerung nicht mehr als ein Jahr beträgt;
3. Veräußerungsgeschäfte, bei denen die Veräußerung der Wirtschaftsgüter früher erfolgt als der Erwerb;
4. Termingeschäfte, durch die der Steuerpflichtige einen Differenzausgleich oder einen durch den Wert einer veränderlichen Bezugsgröße bestimmten Geldbetrag oder Vorteil erlangt, sofern der Zeitraum zwischen Erwerb und Beendigung des Rechts auf einen Differenzausgleich, Geldbetrag oder Vorteil nicht mehr als ein Jahr beträgt. Zertifikate, die Aktien vertreten, und Optionsscheine gelten als Termingeschäfte im Sinne des Satzes 1.

Als Anschaffung gilt auch die Überführung eines Wirtschaftsguts in das Privatvermögen des Steuerpflichtigen durch Entnahme oder Betriebsaufgabe sowie der Antrag nach § 21 Abs. 2 Satz 1 Nr. 1 des Umwandlungssteuergesetzes. Bei unentgeltlichem Erwerb ist dem Einzelrechtsnachfolger für Zwecke dieser Vorschrift die Anschaffung, die Überführung des Wirtschaftsguts in das Privatvermögen, der Antrag nach § 21 Abs. 2 Satz 1 Nr. 1 des Umwandlungssteuergesetzes oder der Erwerb eines Rechts aus Termingeschäften durch den Rechtsvorgänger zuzurechnen. Die Anschaffung oder Veräußerung einer unmittelbaren oder mittelbaren Beteiligung an einer Personengesellschaft gilt als Anschaffung oder Veräußerung der anteiligen Wirtschaftsgüter.

(2) Einkünfte aus privaten Veräußerungsgeschäften der in Absatz 1 bezeichneten Art sind den Einkünften aus anderen Einkunftsarten zuzurechnen, soweit sie zu diesen gehören. § 17 ist nicht anzuwenden, wenn die Voraussetzungen des Absatzes 1 Nr. 2 vorliegen.

(3) Gewinn oder Verlust aus Veräußerungsgeschäften nach Absatz 1 Satz 1 Nr. 1 bis 3 ist der Unterschied zwischen Veräußerungspreis einerseits und den Anschaffungs- oder Herstellungskosten und den Werbungskosten andererseits. In den Fällen des Absatzes 1 Satz 2 tritt an die Stelle der Anschaffungs- oder Herstellungskosten der nach den §§ 6 Abs. 1 Nr. 4, 16 Abs. 3 oder nach den §§ 20, 21 des Umwandlungssteuergesetzes anzusetzende Wert. Die Anschaffungs- oder Herstellungskosten mindern sich um Absetzungen für Abnutzung, erhöhte Absetzungen und Sonderabschreibungen, soweit sie bei der Ermittlung der Einkünfte im Sinne des § 2 Abs. 1 Satz 1 Nr. 4 bis 6 abgezogen worden sind. Gewinn oder Verlust bei einem Termingeschäft nach Absatz 1 Satz 1 Nr. 4 ist der Differenzausgleich oder der durch den Wert einer veränderlichen Bezugsgröße bestimmte Geldbetrag oder Vorteil abzüglich der Werbungskosten. Gewinne bleiben steuerfrei, wenn der aus den privaten Veräußerungsgeschäften erzielte Gesamtgewinn im Kalenderjahr weniger als 1 000 Deutsche Mark betragen hat. Verluste dürfen nur bis zur Höhe des Gewinns, den der Steuerpflichtige im gleichen Kalenderjahr aus privaten Veräußerungsgeschäften erzielt hat, ausgeglichen werden; sie dürfen nicht nach § 10 d abgezogen werden. Die Verluste mindern jedoch nach Maßgabe des § 10 d die Einkünfte, die der Steuerpflichtige in dem unmittelbar vorangegangenen Veranlagungszeitraum oder in den folgenden Veranlagungszeiträumen aus privaten Veräußerungsgeschäften nach Absatz 1 erzielt hat oder erzielt."

Ziele der Bundesregierung

Private Veräußerungsgewinne werden nach derzeitiger Rechtslage nur dann einkommensteuerlich erfasst, wenn bei Grundstücken Erwerb und Veräußerung innerhalb eines Zeitraums von zwei Jahren und bei anderen Wirtschaftsgütern innerhalb eines Zeitraums von sechs Monaten erfolgen. Die Neufassung des § 23 Abs. 1 Nr. 1 und 2 EStG verlängert die Spekulationsfrist:

- bei Grundstücken auf zehn Jahren und
- bei anderen Wirtschaftsgütern auf ein Jahr.

Dies entspricht dem Grundsatz der Besteuerung nach der Leistungsfähigkeit und damit auch dem Gebot der Steuergerechtigkeit.

Der Veräußerungsgewinn aus dem Verkauf eines selbstgenutzten Wohneigentums unterliegt unter bestimmten Voraussetzungen nicht der Besteuerung. Voraussetzung ist, dass:

- der Wohnsitz aufgegeben wird (z. B. wegen Arbeitsplatzwechsel),
- das Wohneigentum zwischen Anschaffung oder Fertigstellung und Veräußerung ausschließlich eigenen Wohnzwecken dient, oder
- das Wohneigentum im Jahr der Veräußerung und den beiden vorangegangenen Jahren zu eigenen Wohnzwecken genutzt wurde.

Bei der Wohnsitzaufgabe, Alternative 1, wird von der Spekulationsbesteuerung abgesehen, wenn das Wirtschaftsgut wegen eines Arbeitsplatzwechsels verhältnismäßig kurzfristig veräußert werden muss.

Die Neuregelung in § 23 Abs. 1 Nr. 1 EStG stellt gleichzeitig sicher, dass die Veräußerungen eines innerhalb der Spekulationsfrist hergestellten Gebäudes zukünftig ebenfalls der Besteuerung nach § 23 EStG unterliegt.

Oft kommt es vor, dass Steuerpflichtige bei der Entnahme von Wirtschaftsgütern aus dem Betriebsvermögen einen Wert angeben, der sich dann im Rahmen einer späteren steuerfreien Veräußerung aus dem Privatvermögen als zu niedrig erweist. Die Möglichkeiten der Finanzverwaltung, derartigen Praktiken durch genauere Prüfung des Entnahmewertes entgegenzuwirken, sind angesichts der sachtypischen Beweisnot gering. Daher wird die Veräußerung von solchen zuvor aus einem Betriebsvermögen entnommenen Wirtschaftsgütern zukünftig nach § 23 EStG besteuert, sofern die jeweiligen Spekulationsfristen nicht abgelaufen sind.

Entsprechendes gilt in den Fällen, in denen Steuerpflichtige den Antrag nach § 21 Abs. 2 Satz 1 Nr. 1 UmwStG gestellt haben, wenn diese die dann nicht mehr steuerbehafteten Anteile innerhalb der Spekulationsfrist zu einem höheren Wert veräußern.

Geschäfte, die lediglich auf die Differenz zwischen den Börsen- oder Marktpreisen eines Basiswertes zu bestimmten Stichtagen gerichtet sind, unterliegen nach der Rechtsprechung nicht der Spekulationsbesteuerung, da sie nicht die Lieferung von Wirtschaftsgütern zum Gegenstand haben – entweder

- weil bei lieferbaren Gegenständen nur auf die Differenz zwischen Börsen- und Marktpreis zu verschiedenen Zeitpunkten abgestellt wird (z. B. bei Waren-, Wertpapier- und Devisentermingeschäften) oder
- weil die Basiswerte von ihrer Natur her nicht lieferbar sind (z. B. Aktienindex, ECU, Euro).

Diese Behandlung erscheint nicht sachgerecht, da es sich bei diesen Geschäften um eine typische Spekulation handelt, die vom Normbereich und Gesetzeszweck des § 23 EStG abgedeckt wird. Die Besteuerung dieser Geschäfte wird durch die Neuregelung in § 23 Abs. 1 Nr. 4 EStG abgedeckt.

Der BFH hat mit Urteil vom 12.07.1988 (BStBl 1988 II S. 942) entschieden:

- Im Fall der Veräußerung eines unentgeltlich erworbenen Wirtschaftsgutes ist für die Beurteilung der Voraussetzungen einer Spekulationsfrist nach § 23 EStG die Einzelrechtsnachfolge durch Schenkung nicht mit einem Erwerb im Wege der Gesamtrechtsnachfolge gleichzustellen.
- Er hat jedoch in Fällen, in denen ein Grundstück nach der Anschaffung unentgeltlich im Wege der Schenkung auf einen Dritten übertragen wird und dieser das Grundstück innerhalb der Spekulationsfrist veräußert, die Annahme eines Missbrauchs von Gestaltungsmöglichkeiten des Rechts (§ 42 AO) als möglich angesehen.

Die mit der Anwendung des § 42 AO verbundenen Schwierigkeiten können vermieden werden, wenn auch in Fällen der Einzelrechtsnachfolge durch Schenkung auf die Anschaffung durch den Rechtsvorgänger abgestellt wird.

Fazit für den Steuerpflichtigen

Diese neuen gesetzlichen Regelungen führen dazu, dass viele bisher unbesteuerte Vorgänge im privaten Vermögensbereich nun der Steuerpflicht unterliegen.

Sehr unangenehm ist die Rückwirkung der Neuregelungen. Ähnlich den Änderungen bei der Beteiligungsgrenze für die wesentliche Beteiligung an Kapitalgesellschaften sind nun viele Planungen und Kalkulationen hinfällig geworden. Denn beim Erwerb bzw. Bau einer Immobilie oder dem Erwerb von sonstigen Wirtschaftsgütern waren diese Änderungen in der Besteuerung noch nicht absehbar.

Profi-Tipp:

Um der Besteuerung zu entgehen, kann man eigentlich nur die Wartezeiten einhalten. Das heißt, geplante Verkäufe sollten zuerst einmal zurückgestellt werden.

7. Neuregelungen des Eigenverbrauchtatbestandes

Wegfall des Eigenverbrauchtatbestandes

Rechtsgrundlage: § 1 UStG

§ 1 wird wie folgt geändert:

Absatz 1 wird wie folgt geändert:

Nummer 1 wird wie folgt gefasst:

„1. die Lieferungen und sonstigen Leistungen, die ein Unternehmer im Inland gegen Entgelt im Rahmen seines Unternehmens ausführt. Die Steuerbarkeit entfällt nicht, wenn der Umsatz auf Grund gesetzlicher oder behördlicher Anordnung ausgeführt wird oder nach gesetzlicher Vorschrift als ausgeführt gilt."

Die Nummern 2 und 3 werden aufgehoben.

Absatz 3 Nr. 3 wird wie folgt gefasst:

„3. die Lieferungen im Sinne des § 3 Abs. 1b und die sonstigen Leistungen im Sinne des § 3 Abs. 9a."

Ziele der Bundesregierung

Untertatbestände

Sowohl sog. unentgeltliche Sachzuwendungen und sonstige Leistungen an Arbeitnehmer (bisher § 1 Abs. 1 Satz 2 Buchstabe b UStG) als auch der Eigenverbrauch (bisher § 1 Abs. 1 Nr. 2 UStG) und die unentgeltlichen Leistungen von Vereinigungen an ihre Gesellschafter oder Mitglieder (bisher § 1 Abs. 1 Nr. 3 UStG) werden – entsprechend der 6. EG-Richtlinie – als Untertatbestände zu Lieferungen und sonstigen Leistungen behandelt.

- Der Entnahmeeigenverbrauch und die unentgeltliche Abgabe von unternehmerischen Gegenständen gelten als entgeltliche Lieferung (vgl. den neuen § 3 Abs. 1b UStG), während

- der Leistungseigenverbrauch und sonstige unentgeltliche Dienstleistungen (auch an Arbeitnehmer) als entgeltliche sonstige Leistungen gelten (vgl. den neuen § 3 Abs. 9 a UStG).
- Der Aufwendungseigenverbrauch (bisher § 1 Abs. 1 Nr. 2 Buchstabe c UStG) wird – entsprechend Artikel 17 Abs. 6 der 6. EG-Richtlinie – durch entsprechende Vorsteuerausschlüsse ersetzt (vgl. den neuen § 15 Abs. 1a UStG).

Wichtig: Die bisher in § 1 UStG aufgeführten Ersatztatbestände zu Lieferungen und sonstigen Leistungen (Sachzuwendungen usw., Eigenverbrauch) werden gestrichen.

Die Änderung des § 1 Abs. 3 Nr. 3 UStG ist eine Folgeänderung der Neuregelung der Eigenverbrauchsbesteuerung, wonach der bisherige Eigenverbrauch nunmehr als Lieferung oder sonstige Leistung gegen Entgelt angesehen wird.

Fazit für den Steuerpflichtigen

Die Eigenverbrauchbesteuerung wird der 6. EG-Richtlinie angepasst. Der Eigenverbrauch wird nun als ein Untertatbestand der Tatbestände „Lieferung" bzw. „sonstige Leistung" definiert. Siehe auch folgender Abschnitt.

Eigenverbrauch als Untertatbestand von Lieferung bzw. sonstiger Leistung

Rechtsgrundlage: § 3 UStG

§ 3 wird wie folgt geändert:

Nach Absatz 1a wird folgender Absatz 1 b eingefügt:

„(1 b) Einer Lieferung gegen Entgelt werden gleichgestellt

1. die Entnahme eines Gegenstandes durch einen Unternehmer aus seinem Unternehmen für Zwecke, die außerhalb des Unternehmens liegen;
2. die unentgeltliche Zuwendung eines Gegenstandes durch einen Unternehmer an sein Personal für dessen privaten Bedarf, sofern keine Aufmerksamkeiten vorliegen;

3. jede andere unentgeltliche Zuwendung eines Gegenstandes, ausgenommen Geschenke von geringem Wert und Warenmuster für Zwecke des Unternehmens.

Voraussetzung ist, dass der Gegenstand oder seine Bestandteile zum vollen oder teilweisen Vorsteuerabzug berechtigt haben."

Absatz 5 a wird wie folgt gefasst:

„(5 a) Der Ort der Lieferung richtet sich vorbehaltlich der §§ 3 c, 3 e und 3 f nach den Absätzen 6 bis 8."

Nach Absatz 9 wird folgender Absatz 9 a eingefügt:

„(9 a) Einer sonstigen Leistung gegen Entgelt werden gleichgestellt

1. die Verwendung eines dem Unternehmen zugeordneten Gegenstandes, der zum vollen oder teilweisen Vorsteuerabzug berechtigt hat, durch einen Unternehmer für Zwecke, die außerhalb des Unternehmens liegen, oder für den privaten Bedarf seines Personals, sofern keine Aufmerksamkeiten vorliegen;
2. die unentgeltliche Erbringung einer anderen sonstigen Leistung durch den Unternehmer für Zwecke, die außerhalb des Unternehmens liegen, oder für den privaten Bedarf seines Personals, sofern keine Aufmerksamkeiten vorliegen.

Nummer 1 gilt nicht bei der Verwendung eines Fahrzeugs, bei dessen Anschaffung oder Herstellung, Einfuhr oder innergemeinschaftlichem Erwerb Vorsteuerbeträge nach § 15 Abs. 1b nur zu 50 vom Hundert abziehbar waren, oder wenn § 15 a Abs. 3 Nr. 2 Buchstabe a anzuwenden ist."

Ziele der Bundesregierung

Entnahmeeigenverbrauch

Nach dem neuen § 3 Abs. 1b Nr. 1 UStG werden Sachverhalte, die bisher als Entnahmeeigenverbrauch (bisher § 1 Abs. 1 Nr. 2 Buchstabe a UStG) behandelt worden sind, als Lieferungen gegen Entgelt behandelt. Dies gilt jedoch nur, wenn:

- die Anschaffungs- oder Herstellungskosten des entnommenen Gegenstandes oder seine Bestandteile mit Umsatzsteuer belastet waren und

- der Unternehmer hinsichtlich dieser Steuer entweder zum vollen oder zumindest teilweisen Vorsteuerabzug berechtigt war.

Sind diese Voraussetzungen nicht erfüllt (z. B. bei Kauf eines Pkw von privat oder bei Kauf eines Pkw durch einen Unternehmer mit ausschließlich steuerfreien Umsätzen nach § 4 Nr. 8 bis 27 UStG), unterliegt die spätere Entnahme nicht der Umsatzsteuer.

Unentgeltliche Sachzuwendungen

Nach dem neuen § 3 Abs. 1b Nr. 2 UStG werden Sachverhalte, die bisher als unentgeltliche Sachzuwendungen an Arbeitnehmer behandelt worden sind (bisher § 1 Abs. 1 Satz 2 Buchstabe b UStG), als Lieferungen gegen Entgelt behandelt.

Wie bisher werden Aufmerksamkeiten von der Besteuerung ausgenommen. Auch die unentgeltlichen Sachzuwendungen an das Personal für dessen privaten Bedarf werden nur besteuert, wenn die Anschaffungs- oder Herstellungskosten des abgegebenen Gegenstandes oder seine Bestandteile mit Umsatzsteuer belastet waren und der Unternehmer hinsichtlich dieser Steuer entweder zum vollen oder zumindest teilweisen Vorsteuerabzug berechtigt war.

Werbegeschenke, Sachspenden

Nach dem neuen § 3 Abs. 1 b Nr. 3 UStG werden unentgeltliche Zuwendungen von Gegenständen besteuert, die aus unternehmerischen Gründen (z. B. zu Werbezwecken, zur Verkaufsförderung oder zur Imagepflege) erbracht werden. Hierunter fallen z. B.:

- höherwertige Geschenke an Geschäftsfreunde,
- Sachspenden an Vereine,
- Warenabgaben anlässlich von Preisausschreiben,
- Verlosungen usw. zu Werbezwecken.

Ausgenommen von der Besteuerung werden lediglich Geschenke von geringem Wert oder die Abgabe von Warenmustern.

Die Regelung entspricht Artikel 5 Abs. 6 der 6. EG-Richtlinie und dient der Vermeidung eines umsatzsteuerlich unbelasteten Letztverbrauchs. Geschenke und andere unternehmerisch veranlasste Warenabgaben werden nur besteuert, wenn die Anschaffungs- oder Herstellungskosten des abgegebenen Gegenstandes oder seine Bestandteile mit Umsatzsteuer belastet waren und der Unternehmer hinsichtlich dieser Steuer entweder zum vollen oder zumindest teilweisen Vorsteuerabzug berechtigt war.

Leistungseigenverbrauch

Der neue § 3 Abs. 9 a Nr. 1 UStG regelt einerseits die Besteuerung von Sachverhalten, die bisher als Leistungseigenverbrauch behandelt worden sind (bisher § 1 Abs. 1 Satz 2 Buchstabe b UStG). Beide Fallgruppen werden den sonstigen Leistungen gegen Entgelt gleichgestellt. Bei sonstigen Leistungen an Arbeitnehmer, für die der Arbeitnehmer kein besonders berechnetes Entgelt aufwendet (insbesondere bei der sog. Firmenwagenüberlassung), muss jedoch zunächst geprüft werden, ob es sich nicht bereits nach § 3 Abs. 1 UStG um eine entgeltliche Leistung (tauschähnlicher Umsatz nach § 3 Abs. 12 UStG) handelt.

Bitte beachten Sie: Besteuert wird lediglich die Verwendung solcher Gegenstände, deren Anschaffungs- oder Herstellungskosten mit Umsatzsteuer belastet waren und bei denen Sie als Unternehmer entweder zum vollen oder zumindest teilweisen Vorsteuerabzug berechtigt waren. Bei Kraftfahrzeugen, die Sie als Unternehmer auch privat verwenden und die deshalb nur zu 50 % dem Unternehmen zugeordnet werden können, entfällt eine Eigenverbrauchsbesteuerung künftig.

Zur Bemessungsgrundlage für die sonstigen Leistungen im Sinne des neuen § 3 Abs. 9 a Nr. 1 UStG gehören nur die Kosten, die den Unternehmer zum vollen oder zumindest teilweisen Vorsteuerabzug berechtigt haben (vgl. den neu gefassten § 10 Abs. 4 Nr. 2 UStG).

Unentgeltliche Dienstleistungen

Nach dem neuen § 3 Abs. 9 a Nr. 2 UStG unterliegen alle – nicht bereits unter § 3 Abs. 9 a Nr. 1 UStG fallenden – unentgeltlichen Dienstleistungen für nichtunternehmerische Zwecke oder für den privaten Bedarf des Personals der Umsatzsteuer. Ausgenommen sind Aufmerksamkeiten. Zu den sonstigen Leistungen für nichtunternehmerische Zwecke gehören einerseits die Erbringung reiner Dienstleistungen (z. B. beim Einsatz betrieblicher Arbeitskräfte für den Haushalt des Unternehmers), andererseits aber auch die Verwendung unternehmerischer Gegenstände für nichtunternehmerische Zwecke, wenn hierbei ein nicht unwesentlicher Dienstleistungsanteil hinzukommt (z. B. die Überlassung eines unternehmerischen Kfz nebst Fahrer an das Personal für dessen Privatfahrten).

Im Gegensatz zu den sonstigen Leistungen nach dem neuen § 3 Abs. 9 a Nr. 1 UStG gehören sämtliche bei der Ausführung dieser Umsätze entstandenen Kosten zur Bemessungsgrundlage (vgl. den neu gefassten § 10 Abs. 4 Nr. 3 UStG), auch wenn diese Kosten nicht mit Umsatzsteuer belastet waren.

Ort der unentgeltlichen Lieferung und sonstigen Leistungen

Rechtsgrundlage: § 3 f UStG

Nach § 3 e wird folgender § 3 f eingefügt:

„Ort der unentgeltlichen Lieferungen und sonstigen Leistungen

Lieferungen im Sinne des § 3 Abs. 1 b und sonstige Leistungen im Sinne des § 3 Abs. 9 a werden an dem Ort ausgeführt, von dem aus der Unternehmer sein Unternehmen betreibt. Werden diese Leistungen von einer Betriebsstätte ausgeführt, gilt die Betriebsstätte als Ort der Leistungen."

Ziele der Bundesregierung

Die Neuregelung ist eine Folgeänderung des § 1 UStG.

Bemessungsgrundlage für Lieferungen, sonstige Leistungen und innergemeinschaftliche Erwerbe

Rechtsgrundlage: § 10 UStG

§ 10 wird wie folgt geändert:

Die Überschrift wird wie folgt gefasst:

„Bemessungsgrundlage für Lieferungen, sonstige Leistungen und innergemeinschaftliche Erwerbe."

Absatz 4 wird wie folgt gefasst:

„(4) Der Umsatz wird bemessen

1. bei dem Verbringen eines Gegenstandes im Sinne des § 1 a Abs. 2 und des § 3 Abs. 1 a sowie bei Lieferungen im Sinne des § 3 Abs. 1 b nach dem Einkaufspreis zuzüglich der Nebenkosten für den Gegenstand oder für einen gleichartigen Gegenstand oder mangels eines Einkaufspreises nach den Selbstkosten, jeweils zum Zeitpunkt des Umsatzes;
2. bei sonstigen Leistungen im Sinne des § 3 Abs. 9 a Nr. 1 nach den bei der Ausführung dieser Umsätze entstandenen Kosten, soweit sie zum vollen oder teilweisen Vorsteuerabzug berechtigt haben;
3. bei sonstigen Leistungen im Sinne des § 3 Abs. 9 a Nr. 2 nach den bei der Ausführung dieser Umsätze entstandenen Kosten."

Die Umsatzsteuer gehört nicht zur Bemessungsgrundlage.

In Absatz 5 Nr. 2 werden die Wörter „an seine Arbeitnehmer" durch die Wörter „an sein Personal" ersetzt.

Ziele der Bundesregierung

Nach dem neuen § 10 Abs. 4 Nr. 1 UStG richtet sich die Bemessungsgrundlage für die im neuen § 3 Abs. 1b UStG geregelten Entnahmen, Sachzuwendungen an Arbeitnehmer und unentgeltlichen Abgaben wie bisher nach dem Einkaufspreis zuzüglich der Nebenkosten.

Liegt ein Einkaufspreis nicht vor (z. B. bei im Unternehmen selbst produzierten Gegenständen), werden wie bisher die Selbstkosten als Bemessungsgrundlage angesetzt. Maßgebend sind jeweils die Werte zum Zeitpunkt des Umsatzes, die bei angeschafften Gegenständen in der Regel den Wiederbeschaffungskosten entsprechen.

Zur Bemessungsgrundlage der sonstigen Leistungen im Sinne des neuen § 3 Abs. 9 a Nr. 1 UStG gehören die bei der Ausführung dieser Umsätze entstandenen Kosten. Dies gilt jedoch nur so weit, als sie den Unternehmer zum vollen oder zumindest teilweisen Vorsteuerabzug berechtigt haben.

Zur Bemessungsgrundlage der sonstigen Leistungen im Sinne des neuen § 3 Abs. 9 a Nr. 2 UStG gehören – im Gegensatz zu den sonstigen Leistungen nach dem neuen § 3 Abs. 9 a Nr. 1 UStG – sämtliche bei der Ausführung dieser Umsätze entstandenen Kosten, auch wenn diese Kosten nicht mit Umsatzsteuer belastet waren (z. B. die anteiligen Personalkosten, die auf den Einsatz betrieblicher Arbeitskräfte im Haushalt des Unternehmers entfallen).

8. Änderungen des Vorsteuerabzugs

Einschränkung des Vorsteuerabzugs bei Reisekosten, nichtabzugsfähigen Betriebsausgaben und Pkw-Kauf

Rechtsgrundlagen: §§ 15 u. 27 UStG u. §§ 36 bis 39 UStDV

§ 15 wird wie folgt geändert:

Dem Absatz 1 wird folgender Satz angefügt:

„Nicht als für das Unternehmen ausgeführt gilt die Lieferung, die Einfuhr oder der innergemeinschaftliche Erwerb eines Gegenstandes, den der Unternehmer zu weniger als 10 vom Hundert für sein Unternehmen nutzt."

Nach Absatz 1 wird folgender Absatz 1a eingefügt:

„(1a) Nicht abziehbar sind Vorsteuerbeträge, die auf

1. Aufwendungen, für die das Abzugsverbot des § 4 Abs. 5 Satz 1 Nr. 1 bis 4, 7, Abs. 7 oder des § 12 Nr. 1 des Einkommensteuergesetzes gilt,
2. Reisekosten des Unternehmers und seines Personals, soweit es sich um Verpflegungskosten, Übernachtungskosten oder um Fahrtkosten für Fahrzeuge des Personals handelt, oder
3. Umzugskosten für einen Wohnungswechsel

entfallen."

Nach Absatz 1a wird folgender Absatz 1b eingefügt:

„(1b) Nur zu 50 vom Hundert abziehbar sind Vorsteuerbeträge, die auf die Anschaffung oder Herstellung, die Einfuhr, den innergemeinschaftlichen Erwerb, die Miete oder den Betrieb von Fahrzeugen im Sinne des § 1b Abs. 2 entfallen, die auch für den privaten Bedarf des Unternehmers oder für andere unternehmensfremde Zwecke verwendet werden."

Absatz 5 wird wie folgt geändert:

In Nummer 2 wird nach dem Wort „kann" das Komma durch das Wort „und" ersetzt.

In Nummer 3 wird das Wort „und" durch einen Punkt ersetzt.

Nummer 4 wird aufgehoben.

Die §§ 36 bis 39 UStDV werden aufgehoben.

§ 27 wird wie folgt geändert:

Absatz 3 wird wie folgt gefasst:

„(3) § 15 Abs. 1b und § 15 a Abs. 3 Nr. 2 sind erstmals auf Fahrzeuge anzuwenden, die nach dem 31.03.1999 angeschafft oder hergestellt, eingeführt, innergemeinschaftlich erworben oder gemietet werden."

Ziele der Bundesregierung

Durch den neu in § 15 UStG eingefügten Absatz 1 a werden bestimmte, nicht streng geschäftliche, der Repräsentation dienende oder die Lebensführung berührende Aufwendungen vom Vorsteuerabzug ausgenommen. Die Regelung entspricht Artikel 17 Abs. 6 der 6. EG-Richtlinie und tritt an die Stelle des bisherigen Aufwendungseigenverbrauchs.

Die Vorsteuer ist nicht abziehbar bei:

- ertragsteuerlichen Aufwendungen, die den nichtabziehbaren Betriebsausgaben zuzurechnen sind (§ 4 Abs. 5 Satz 1 Nr. 2 bis 7 EStG), und auf
- Aufwendungen, die die Lebensführung berühren (§ 12 Nr. 1 EStG)

Die Vorsteuer ist teilweise abziehbar bei:

- Aufwendungen, die teilweise als Betriebsausgaben abziehbar sind (z. B. Bewirtungskosten), und zwar für den abziehbaren Teil, mit Ausnahme der Reisekosten.

Geschenke

Der Vorsteuerabzug aus dem Erwerb von Geschenken, z. B. für Geschäftsfreunde, ist zulässig. Die Abgabe des Geschenks wird als unentgeltliche Zuwendung (vgl. den neuen § 3 Abs. 1 b Nr. 3 UStG) besteuert.

Reisekosten

Reisekosten des Unternehmers und des Gesellschafters bei Gesellschaften sowie die vom Unternehmer an seine Arbeitnehmer gezahlten Reisekosten- und Umzugsvergütungen nehmen eine besondere Stellung ein, weil sich unternehmerische/betriebliche und private Interessen überschneiden. Die Umsatzsteuer für derartige Aufwendungen des Unternehmers wird vom Vorsteuerabzug ausgeschlossen.

Die Ermächtigung in § 15 Abs. 5 Nr. 4 UStG, den Vorsteuerabzug aus Anlass einer Geschäfts- oder Dienstreise oder für einen dienstlich veranlassten Umzug der Arbeitnehmer zu gewähren, wird nicht mehr ausgefüllt. EG-rechtlich ist diese Regelung nicht notwendig – alle anderen Mitgliedstaaten habe keine dementsprechende Regelung.

Verpflegungsmehraufwendungen

Bei Verpflegungsmehraufwendungen des Unternehmers anlässlich von Geschäftsreisen werden keine Leistungen für das Unternehmen bezogen, weil es sich insoweit um nicht eindeutig unternehmerisch abgrenzbare Leistungen handelt. Diese Kosten sind auch beim Nachweis der tatsächlichen Aufwendungen (Einzelnachweis) vom Vorsteuerabzug ausgeschlossen.

Die Gleichbehandlung mit der Versagung des Vorsteuerabzugs aus Arbeitnehmer-Reisekosten erscheint insbesondere im Hinblick auf die Fälle der Gesellschafter-Geschäftsführer von Kapitalgesellschaften geboten.

Die Regelungen in §§ 36 bis 39 UStDV widersprechen der umsatzsteuerrechtlichen Systematik zum Vorsteuerabzug (§ 15 UStG). Entgegen den gesetzlichen Voraussetzungen wird dem Unternehmer ein Vorsteuerabzug gewährt, obwohl nicht er selbst, sondern sein Arbeitnehmer Leistungsempfänger ist.

Kraftfahrzeugkosten

Der Vorsteuerabzug aus der Anschaffung, Miete und den Betriebskosten für Kraftfahrzeuge wird auf 50 % beschränkt. Von der Einschränkung des Vorsteuerabzugs betroffen sind Kraftfahrzeuge, die auch für unternehmensfremde Zwecke genutzt werden, also die private Nutzung durch den Unternehmer und den Personengesellschafter.

Die Neuregelung betrifft die Fahrzeuge, die von den Unternehmern ausschließlich betrieblich genutzt werden. Dazu gehören auch die Fahrzeuge, die der Unternehmer dem Arbeitnehmer im Rahmen eines Dienstverhältnisses gegen Entgelt überlässt. Insoweit der Vorsteuerabzug auf Grund der Kürzung nicht mehr zu gewähren ist, entfällt die Besteuerung einer sonstigen Leistung nach § 3 Abs. 9 a Nr. 1 UStG.

Fazit für den Steuerpflichtigen

Durch den Wegfall des Vorsteuerabzugs hat der Unternehmer letztlich weniger Geld in seiner Kasse, sofern er die Reisekosten weiterhin in gleicher Höhe an seine Arbeitnehmer auszahlt. Er kann zwar die nicht abzugsfähigen Vorsteuerbeträge als Betriebsausgaben bei seiner Gewinnermittlung ansetzen. Hier wirken sich diese Kosten aber nur in der Höhe steuermindernd aus, in der Steuern anfallen.

Beispiel:

Liegt der Durchschnittssteuersatz beispielsweise bei 50 %, so spart er bei 1 DM Reisekosten 0,50 DM Ertragsteuern. Bisher wurde die 1 DM als Vorsteuer vom Finanzamt erstattet.

Profi-Tipp:

Ob Sie als Unternehmer mit der neuen Vorsteuerabzugsregelung im Hinblick auf privat genutzte Pkw besser oder schlechter fahren als vorher, hängt von der jeweiligen Situation ab. Zwar kann ab Beginn der neuen Regelung nur noch 50 % der im Kaufpreis enthaltenen Umsatzsteuer als Vorsteuer geltend gemacht werden; die verbleibende Vorsteuer kann jedoch als Anschaffungskosten abgeschrieben werden. Dies allein würde jedoch, wie oben bereits gezeigt, immer nachteilig im Vergleich zur bisherigen Regelung sein. Da aber bei der Neuregelung des Umsatzsteuergesetzes auch die Umsatzbesteuerung auf den Eigenverbrauch bei privater Pkw-Nutzung gestrichen wurde, kann es sein, dass – auf den gesamten Nutzungszeitraum des Fahrzeugs abgestellt – es zu einem positiven Effekt für Sie kommen könnte.

9. Neue Aufbewahrungsfristen von Geschäftsunterlagen

Rechtsgrundlagen: § 147 Abs. 3 AO (gleiche Änderung in § 257 Abs. 4 HGB)

§ 147 Abs. 3 der Abgabenordnung vom 16.03.1976 (BGBl. I S. 613, 1977 I S. 269), die zuletzt durch ... geändert worden ist, wird wie folgt gefasst:

„(3) Die in Absatz 1 Nr. 1 und 4 aufgeführten Unterlagen sind zehn Jahre, die sonstigen in Absatz 1 aufgeführten Unterlagen sechs Jahre aufzubewahren, sofern nicht in anderen Steuergesetzen kürzere Aufbewahrungsfristen zugelassen sind. Kürzere Aufbewahrungsfristen nach außersteuerlichen Gesetzen lassen die in Satz 1 bestimmte Frist unberührt. Die Aufbewahrungsfrist läuft jedoch nicht ab, soweit und solange die Unterlagen für Steuern von Bedeutung sind, für welche die Festsetzungsfrist noch nicht abgelaufen ist; § 169 Abs. 2 Satz 2 gilt nicht."

Ziele der Bundesregierung

Durch die Neuregelung soll eine bessere Kontrollmöglichkeit bei Prüfungen gewährleistet werden.

Fazit für den Steuerpflichtigen

Folgende Unterlagen sind bisher zehn Jahre aufzubewahren:

Bücher und Aufzeichnungen, Inventare, Jahresabschlüsse, Lageberichte, Eröffnungsbilanz sowie die zu ihrem Verständnis erforderlichen Arbeitsanweisungen und sonstigen Organisationsunterlagen.

Folgende Unterlagen sind bisher sechs Jahre aufzubewahren:

Empfangene Handels- oder Geschäftsbriefe, Wiedergaben der abgesandten Handels- oder Geschäftsbriefe, Buchungsbelege und sonstige Unterlagen, soweit sie für die Besteuerung von Bedeutung sind.

In Zukunft sind auch Buchungsbelege zehn Jahre aufzubewahren.

Steuertabellen und Berechnungsbeispiele

6

1. Grundsätzliches

Im Folgenden sind verschiedene Übersichten angefügt, welche das Bundesministerium der Finanzen veröffentlicht hat und welche einen hervorragenden Einblick in die unterschiedlichsten Nuancen der Steuerreform gewähren.

Neben allgemeinen Informationen werden Beispiele angeführt, wie sich die Steuerbelastungen in Abhängigkeit der persönlichen Verhältnisse in Zukunft entwickeln werden.

Wichtig: Ohne große Rechenarbeit können Sie erkennen, inwieweit Sie durch die Reform entlastet werden.

2. Finanzielle Auswirkungen

Die folgende Übersicht zeigt auf, wie sich die Entlastungen der Steuerreform in den nächsten Jahren insgesamt zusammensetzen und welchen Anteil die einzelnen Steuerarten daran haben.

Finanzielle Auswirkungen des Gesetzes zur Senkung der Steuersätze und zur Reform der Unternehmensbesteuerung sowie der Entschließung des Bundesrates vom 14.07.2000 (Steuersenkungsgesetz – StSenkG)
Steuermehreinnahmen/Steuermindereinnahmen (–) in Mio. DM

lfd. Nr.	Maßnahme	Steuerart/ Gebiets-körper-schaft	Entste-hungs-jahr	Rechnungsjahr					
				2001	2002	2003	2004	2005	2006
A. Reform der Unternehmensbesteuerung									
I. Tarifsenkungen und reformbedingte Maßnahmen									
1. Kapitalgesellschaften									
1	Senkung des Einbehaltungssatzes bei der Körperschaftsteuer von 40 v.H. auf 25 v.H.	**Insg.**	**–13 965**	**–11 260**	**–14 600**	**–15 890**	**–17 135**	**–18 435**	**–19 840**
		ESt	–200	–	–	–160	–210	–225	240
		KSt	–13 625	–10 675	–14 380	–15 530	–16 710	–17 980	–19 350
		KapSt	+590	–	+540	+630	+680	+730	+785
		SolZ	–730	–585	–760	–830	–895	–960	–1 035
		Bund	**–7 333**	**–5 923**	**–7 680**	**–8 348**	**–8 999**	**–9 681**	**–10 419**
		ESt	–85	–	–	–68	–89	–96	–102
		KSt	–6 813	–5 338	–7 190	–7 765	–8 355	–8 990	–9 675
		KapSt	+295	–	+270	+315	+340	+365	+393
		SolZ	–730	–585	–760	–830	–895	–960	–1 035
		Länder	**–6 602**	**–5 337**	**–6 920**	**–7 518**	**–8 104**	**–8 721**	**–9 385**
		ESt	–85	–	–	–68	–89	–96	–102
		KSt	–6 812	–5 337	–7 190	–7 765	–8 355	–8 990	–9 675
		KapSt	+295	–	+270	+315	+340	+365	+392
		Gem.							
		ESt	**–30**	**–**	**–**	**–24**	**–32**	**–33**	**–36**
2	Senkung des Ausschüttungssatzes bei der Körperschaftsteuer von 30 v.H. auf 25 v.H.	**Insg.**	**–1 980**	**–5 340**	**–4 715**	**–3 280**	**–3 185**	**–3 415**	**–3 685**
		ESt	+1 645	–	–	+1 315	+1 745	+1 880	+2 015
		KSt	–4 680	–5 060	–5 535	–5 670	–6 100	–6 555	–7 060
		KapSt	+1 160	–	+1 065	+1 245	+1 335	+1 440	+1 550
		SolZ	–105	–280	–245	–170	–165	–180	–190
		Bund	**–1 166**	**–2 810**	**–2 480**	**–1 823**	**–1 805**	**–1 939**	**–2 089**
		ESt	+699	–	–	+559	+742	+799	+856
		KSt	–2 340	–2 530	–2 768	–2 835	–3 050	–3 278	–3 530
		KapSt	+580	–	+533	+623	+668	+720	+775
		SolZ	–105	–280	–245	–170	–165	–180	–190
		Länder	**–1 061**	**–2 530**	**–2 235**	**–1 654**	**–1 641**	**–1 758**	**–1 899**
		ESt	+699	–	–	+559	+742	+799	+856
		KSt	–2 340	–2 530	–2 767	–2 835	–3 050	–3 277	–3 530
		KapSt	+580	–	+532	+622	+667	+720	+775
		Gem.							
		ESt	**+247**	**–**	**–**	**+197**	**+261**	**+282**	**+303**

Abdruck mit freundlicher Genehmigung des Bundesfinanzministeriums

lfd. Nr.	Maßnahme	Steuerart/ Gebietskörperschaft	Entstehungsjahr	Rechnungsjahr					
				2001	2002	2003	2004	2005	2006
3	Senkung des Kapitalertragsteuersatzes für Dividenden und Ausschüttungen von Kapitalgesellschaften von bisher 25 v.H. auf 20 v.H. für Wirtschaftsjahre, die nach dem 31.12.2001 enden	**Insg.**	**–115**	**–**	**–3 165**	**–2 420**	**–895**	**–615**	**–660**
		ESt	+1 520	–	–	+1 215	+1 610	+1 735	+1 870
		KSt	+1 645	–	–	–	+1 315	+1 745	+1 880
		KapSt	–3 275	–	–3 000	–3 510	–3 775	–4 065	–4 375
		SolZ	–5	–	–165	–125	–45	–30	–35
		Bund	**–174**	**–**	**–1 665**	**–1 364**	**–591**	**–453**	**–488**
		ESt	+646	–	–	+516	+684	+737	+795
		KSt	+823	–	–	–	+658	+873	+940
		KapSt	–1 638	–	–1 500	–1 755	–1 888	–2 033	–2 188
		SolZ	–5	–	–165	–125	–45	–30	–35
		Länder	**–169**	**–**	**–1 500**	**–1 239**	**–546**	**–423**	**–452**
		ESt	+646	–	–	+516	+684	+737	+795
		KSt	+822	–	–	–	+657	+872	+940
		KapSt	–1 637	–	–1 500	–1 755	–1 887	–2 032	–2 187
		Gem.							
		ESt	**+228**	**–**	**–**	**+183**	**+242**	**+261**	**+280**
4	Ersetzung des bisherigen Anrechnungsverfahrens durch das Halbeinkünfteverfahren der Dividendenbesteuerung (u. a. Umstellung der Einkommensbesteuerung bei Anteilseignern, Wegfall des Dividendenstrippings, Wegfall der Verlustausgleichsmöglichkeit bei beteiligten Kapitalgesellschaften, Wegfall der Möglichkeit so genannter Leerverkäufe)	**Insg.**	**+4 985**	**–**	**+3 905**	**+5 080**	**+5 585**	**+5 855**	**+6 485**
		ESt	+1 255	–	+1 005	+1 310	+1 745	+1 940	+2 480
		KSt	+4 175	–	+3 340	+4 250	+4 335	+4 440	+4 550
		KapSt	–705	–	–645	–745	–785	–830	–885
		SolZ	+260	–	+205	+265	+290	+305	+340
		Bund	**+2 528**	**–**	**+1 979**	**+2 574**	**+2 807**	**+2 935**	**+3 226**
		ESt	+533	–	+427	+557	+742	+825	+1 054
		KSt	+2 088	–	+1 670	+2 125	+2 168	+2 220	+2 275
		KapSt	–353	–	–323	–373	–393	–415	–443
		SolZ	+260	–	+205	+265	+290	+305	+340
		Länder	**+2 268**	**–**	**+1 775**	**+2 310**	**+2 517**	**+2 630**	**+2 887**
		ESt	+533	–	+427	+557	+742	+825	+1 054
		KSt	+2 087	–	+1 670	+2 125	+2 167	+2 220	+2 275
		KapSt	–352	–	–322	–372	–392	–415	–442
		Gem.							
		ESt	**+189**	**–**	**+151**	**+196**	**+261**	**+290**	**+372**
5	Neuregelung der Besteuerung von Organschaften	**Insg.**	**–105**	**–55**	**–95**	**–105**	**–105**	**–105**	**–105**
		KSt	–100	–50	–90	–100	–100	–100	–100
		SolZ	–5	–5	–5	–5	–5	–5	–5
		Bund	**–55**	**–30**	**–50**	**–55**	**–55**	**–55**	**–55**
		KSt	–50	–25	–45	–50	–50	–50	–50
		SolZ	–5	–5	–5	–5	–5	–5	–5
		Länder							
		KSt	**–50**	**–25**	**–45**	**–50**	**–50**	**–50**	**–50**

lfd. Nr.	Maßnahme	Steuerart/ Gebiets-körper-schaft	Entste-hungs-jahr	Rechnungsjahr					
				2001	2002	2003	2004	2005	2006
6	Steuerbefreiung von Gewinnen aus der Veräußerung von Anteilen an inländischen Kapitalgesellschaften durch Kapitalgesellschaften ab dem Veranlagungszeitraum 2002	**Insg.**	**–4 240**	**–1 590**	**–3 390**	**–4 120**	**–4 240**	**–4 240**	**–4 240**
		GewSt	–1 820	–685	–1 455	–1 755	–1 820	–1 820	–1 820
		KSt	–2 295	–860	–1 835	–2 240	–2 295	–2 295	–2 295
		SolZ	–125	–45	–100	–125	–125	–125	–125
		Bund	**–1 361**	**–508**	**–1 088**	**–1 329**	**–1 360**	**–1 360**	**–1 360**
		GewSt	–88	–33	–70	–84	–87	–87	–87
		KSt	–1 148	–430	–918	–1 120	–1 148	–1 148	–1 148
		SolZ	–125	–45	–100	–125	–125	–125	–125
		Länder	**–1 429**	**–536**	**–1 141**	**–1 390**	**–1 427**	**–1 427**	**–1 427**
		GewSt	–282	–106	–224	–270	–280	–280	–280
		KSt	–1 147	–430	–917	–1 120	–1 147	–1 147	–1 147
		Gem. GewSt	**–1 450**	**–546**	**–1 161**	**–1 401**	**–1 453**	**–1 453**	**–1 453**
7	Senkung der Beteiligungsgrenze für die Besteuerung von Veräußerungsgewinnen bei Verkauf von Anteilen an Kapitalgesellschaften von bisher 10 v.H. auf 1 v.H.	**Insg.**	**+250**	**–**	**+45**	**+95**	**+165**	**+220**	**+250**
		ESt	+235	–	+45	+90	+155	+210	+235
		SolZ	+15	–	–	+5	+10	+10	+15
		Bund	**+115**	**–**	**+19**	**+43**	**+76**	**+99**	**+115**
		ESt	+100	–	+19	+38	+66	+89	+100
		SolZ	+15	–	–	+5	+10	+10	+15
		Länder ESt	**+100**	**–**	**+19**	**+38**	**+66**	**+89**	**+100**
		Gem. ESt	**+35**	**–**	**+7**	**+14**	**+23**	**+32**	**+35**
8	Einbeziehung der (Spekulations-)gewinne aus der Veräußerung von Anteilen an Kapitalgesellschaften in das Halbeinkünfteverfahren	**Insg.**	**–1 160**	**–**	**–465**	**–930**	**–1 160**	**–1 160**	**–1 160**
		ESt	–1 100	–	–440	–880	–1 100	–1 100	–1 100
		SolZ	–60	–	–25	–50	–60	–60	–60
		Bund	**–528**	**–**	**–212**	**–424**	**–528**	**–528**	**–528**
		ESt	–468	–	–187	–374	–468	–468	–468
		SolZ	–60	–	–25	–50	–60	–60	–60
		Länder ESt	**–468**	**–**	**–187**	**–374**	**–468**	**–468**	**–468**
		Gem. ESt	**–164**	**–**	**–66**	**–132**	**–164**	**–164**	**–164**
9	Regelung für den Übergang bei Altkapital vom bisherigen Vollanrechnungsverfahren zu einem Besteuerungsverfahren mit einer Definitivbelastung	**Insg.**	**–4 115**	**–**	**–5 425**	**–6 830**	**–6 055**	**–5 080**	**–4 105**
		ESt	–100	–	+140	+175	+155	+130	+105
		KSt	–4 000	–	–5 600	–7 000	–6 200	–5 200	–4 200
		KapSt	+200	–	+320	+350	+305	+255	+205
		SolZ	–215	–	–285	–355	–315	–265	–215
		Bund	**–2 158**	**–**	**–2 865**	**–3 606**	**–3 196**	**–2 682**	**–2 167**
		ESt	–43	–	+60	+74	+66	+55	+45
		KSt	–2 000	–	–2 800	–3 500	–3 100	–2 600	–2 100
		KapSt	+100	–	+160	+175	+153	+128	+103
		SolZ	–215	–	–285	–355	–315	–265	–215

lfd. Nr.	Maßnahme	Steuerart/ Gebietskörperschaft	Entstehungsjahr	Rechnungsjahr					
				2001	2002	2003	2004	2005	2006
		Länder	−1 943	–	−2 580	−3 251	−2 882	−2 418	−1 953
		ESt	−43	–	+60	+74	+66	+55	+45
		KSt	−2 000	–	−2 800	−3 500	−3 100	−2 600	−2 100
		KapSt	+100	–	+160	+175	+152	+127	+102
		Gem.							
		ESt	−14	–	+20	+27	+23	+20	+15
10	Summe der Maßnahmen	Insg.	−20 445	−18 245	−27 905	−28 400	−27 025	−26 975	−27 060
	für Kapitalgesellschaften	Bund	−10 132	−9 271	−14 042	−14 332	−13 651	−13 664	−13 765
	(Pos. 1 bis Pos. 9)	Länder	−9 354	−8 428	−12 814	−13 128	−12 535	−12 546	−12 647
		Gem.	−959	−546	−1 049	−940	−839	−765	−648
2.	Personenunternehmen								
11	Ermäßigung der Einkom-	Insg.	−9 915	−6 940	−9 220	−12 110	−11 915	−12 765	−13 700
	mensteuer mit dem 1,8-	ESt	−9 400	−6 580	−8 740	−11 480	−11 295	−12 100	−12 985
	fachen Gewerbesteuer-	SolZ	−515	−360	−480	−630	−620	−665	−715
	messbetrag	Bund	−4 510	−3 157	−4 195	−5 509	−5 420	−5 808	−6 234
		ESt	−3 995	−2 797	−3 715	−4 879	−4 800	−5 143	−5 519
		SolZ	−515	−360	−480	−630	−620	−665	−715
		Länder							
		ESt	−3 995	−2 797	−3 715	−4 879	−4 800	−5 143	−5 519
		Gem.							
		ESt	−1 410	−986	−1 310	−1 722	−1 695	−1 814	−1 947
12	Abschaffung der Tarifbe-	Insg.	+5 160	+3 610	+4 800	+6 655	+6 765	+7 480	+8 270
	grenzung für gewerbliche	ESt	+4 890	+3 420	+4 550	+6 310	+6 410	+7 090	+7 840
	Einkünfte nach § 32 c	SolZ	+270	+190	+250	+345	+355	+390	+430
	EStG ab 2001	Bund	+2 348	+1 644	+2 184	+3 027	+3 079	+3 403	+3 762
		ESt	+2 078	+1 454	+1 934	+2 682	+2 724	+3 013	+3 332
		SolZ	+270	+190	+250	+345	+355	+390	+430
		Länder							
		ESt	+2 078	+1 454	+1 934	+2 682	+2 724	+3 013	+3 332
		Gem.							
		ESt	+734	+512	+682	+946	+962	+1 064	+1 176
13	Erhöhung des Freibetrags	Insg.	−500	–	−210	−345	−475	−500	−500
	für Veräußerungen von	ESt	−475	–	−200	−325	−450	−475	−475
	Personenunternehmen	SolZ	−25	–	−10	−20	−25	−25	−25
	von bisher 60 000 DM	Bund	−227	–	−95	−158	−216	−227	−227
	auf 100 000 DM	ESt	−202	–	−85	−138	−191	−202	−202
		SolZ	−25	–	−10	−20	−25	−25	−25
		Länder							
		ESt	−202	–	−85	−138	−191	−202	−202
		Gem.							
		ESt	−71	–	−30	−49	−68	−71	−71
14	§ 6 Abs. 5 EStG	Insg.	−810	−650	−725	−810	−810	−810	−810
	Wiedereinführung des	GewSt	−235	−190	−210	−235	−235	−235	−235
	Mitunternehmererlasses	ESt	−410	−330	−370	−410	−410	−410	−410
		KSt	−135	−105	−120	−135	−135	−135	−135
		SolZ	−30	−25	−25	−30	−30	−30	−30

lfd. Nr.	Maßnahme	Steuerart/ Gebiets-körper-schaft	Entste-hungs-jahr	Rechnungsjahr					
				2001	2002	2003	2004	2005	2006
		Bund	**–283**	**–227**	**–252**	**–283**	**–283**	**–283**	**–283**
		GewSt	–11	–9	–10	–11	–11	–11	–11
		ESt	–174	–140	–157	–174	–174	–174	–174
		KSt	–68	–53	–60	–68	–68	–68	–68
		SolZ	–30	–25	–25	–30	–30	–30	–30
		Länder	**–277**	**–221**	**–249**	**–277**	**–277**	**–277**	**–277**
		GewSt	–36	–29	–32	–36	–36	–36	–36
		ESt	–174	–140	–157	–174	–174	–174	–174
		KSt	–67	–52	–60	–67	–67	–67	–67
		Gem.	**–250**	**–202**	**–224**	**–250**	**–250**	**–250**	**–250**
		GewSt	–188	–152	–168	–188	–188	–188	–188
		ESt	–62	–50	–56	–62	–62	–62	–62
15	Summe der Maßnahmen für Personenunternehmen (Pos. 11 bis Pos. 14)	**Insg.**	**–6 065**	**–3 980**	**–5 355**	**–6 610**	**–6 435**	**–6 595**	**–6 740**
		Bund	**–2 672**	**–1 740**	**–2 358**	**–2 923**	**–2 840**	**–2 915**	**–2 982**
		Länder	**–2 396**	**–1 564**	**–2 115**	**–2 612**	**–2 544**	**–2 609**	**–2 666**
		Gem.	**–997**	**–676**	**–882**	**–1 075**	**–1 051**	**–1 071**	**–1 092**
16	Summe der Maßnahmen für Kapitalgesellschaften und Personenunternehmen zusammen (Pos. 10 und Pos. 15)	**Insg.**	**–26 510**	**–22 225**	**–33 260**	**–35 010**	**–33 460**	**–33 570**	**–33 800**
		Bund	**–12 804**	**–11 011**	**–16 400**	**–17 255**	**–16 491**	**–16 579**	**–16 747**
		Länder	**–11 750**	**–9 992**	**–14 929**	**–15 740**	**–15 079**	**–15 155**	**–15 313**
		Gem.	**–1 956**	**–1 222**	**–1 931**	**–2 015**	**–1 890**	**–1 836**	**–1 740**
II. Finanzierende Maßnahmen									
17	Senkung der degressiven Abschreibung für bewegliche Wirtschaftsgüter des Anlagevermögens von höchstens 30 v.H. auf höchstens 20 v.H.	**Insg.**	**+12 985**	**+5 400**	**+10 890**	**+14 785**	**+14 400**	**+13 060**	**+13 075**
		GewSt	+5 680	+2 360	+4 765	+6 525	+6 365	+5 895	+5 920
		ESt	+3 195	+1 330	+2 680	+3 545	+3 435	+2 915	+2 895
		KSt	+3 730	+1 550	+3 125	+4 285	+4 180	+3 875	+3 885
		SolZ	+380	+160	+320	+430	+420	+375	+375
		Bund	**+3 876**	**+1 614**	**+3 250**	**+4 392**	**+4 274**	**+3 834**	**+3 831**
		GewSt	+273	+114	+228	+312	+304	+282	+283
		ESt	+1 358	+565	+1 139	+1 507	+1 460	+1 239	+1 230
		KSt	+1 865	+775	+1 563	+2 143	+2 090	+1 938	+1 943
		SolZ	+380	+160	+320	+430	+420	+375	+375
		Länder	**+4 103**	**+1 706**	**+3 434**	**+4 653**	**+4 529**	**+4 083**	**+4 082**
		GewSt	+880	+366	+733	+1 004	+979	+907	+910
		ESt	+1 358	+565	+1 139	+1 507	+1 460	+1 239	+1 230
		KSt	+1 865	+775	+1 562	+2 142	+2 090	+1 937	+1 942
		Gem.	**+5 006**	**+2 080**	**+4 206**	**+5 740**	**+5 597**	**+5 143**	**+5 162**
		GewSt	+4 527	+1 880	+3 804	+5 209	+5 082	+4 706	+4 727
		ESt	+479	+200	+402	+531	+515	+437	+435
18	Senkung der linearen Abschreibung für Gebäude im Betriebsvermögen von bisher 4 v.H. auf 3 v.H.	**Insg.**	**+525**	**–**	**+235**	**+805**	**+1 280**	**+1 670**	**+2 085**
		GewSt	+230	–	+100	+355	+565	+750	+945
		ESt	+130	–	+60	+195	+305	+375	+460
		KSt	+150	–	+70	+230	+375	+495	+620
		SolZ	+15	–	+5	+25	+35	+50	+60

lfd. Nr.	Maßnahme	Steuerart/ Gebiets-körper-schaft	Entste-hungs-jahr	Rechnungsjahr					
				2001	2002	2003	2004	2005	2006
		Bund	**+156**	**–**	**+71**	**+240**	**+380**	**+493**	**+611**
		GewSt	+11	–	+5	+17	+27	+36	+45
		ESt	+55	–	+26	+83	+130	+159	+196
		KSt	+75	–	+35	+115	+188	+248	+310
		SolZ	+15	–	+5	+25	+35	+50	+60
		Länder	**+166**	**–**	**+76**	**+253**	**+404**	**+521**	**+651**
		GewSt	+36	–	+15	+55	+87	+115	+145
		ESt	+55	–	+26	+83	+130	+159	+196
		KSt	+75	–	+35	+115	+187	+247	+310
		Gem.	**+203**	**–**	**+88**	**+312**	**+496**	**+656**	**+823**
		GewSt	+183	–	+80	+283	+451	+599	+755
		ESt	+20	–	+8	+29	+45	+57	+68
19	Verschärfung der Regelungen zur Gesellschafter-Fremdfinanzierung	**Insg.**	**+995**	**+155**	**+410**	**+785**	**+990**	**+985**	**+975**
		ESt	+420	+40	+125	+270	+415	+410	+400
		KSt	+525	+105	+265	+475	+525	+525	+525
		SolZ	+50	+10	+20	+40	+50	+50	+50
		Bund	**+492**	**+80**	**+206**	**+393**	**+489**	**+487**	**+483**
		ESt	+179	+17	+53	+115	+176	+174	+170
		KSt	+263	+53	+133	+238	+263	+263	+263
		SolZ	+50	+10	+20	+40	+50	+50	+50
		Länder	**+441**	**+69**	**+185**	**+352**	**+438**	**+436**	**+432**
		ESt	+179	+17	+53	+115	+176	+174	+170
		KSt	+262	+52	+132	+237	+262	+262	+262
		Gem.							
		ESt	**+62**	**+6**	**+19**	**+40**	**+63**	**+62**	**+60**
20	Beibehaltung der Ansparabschreibung nach § 7 g EStG (mit 40 v.H. der voraussichtlichen Anschaffungskosten)	**Insg.**	**+90**	**+15**	**+90**	**+90**	**+70**	**+50**	**+35**
		GewSt	+30	+5	+30	+30	+25	+20	+10
		ESt	+45	+10	+45	+45	+35	+25	+20
		KSt	+10	–	+10	+10	+10	+5	+5
		SolZ	+5	–	+5	+5	–	–	–
		Bund	**+30**	**+4**	**+30**	**+30**	**+21**	**+15**	**+12**
		GewSt	+1	–	+1	+1	+1	+1	–
		ESt	+19	+4	+19	+19	+15	+11	+9
		KSt	+5	–	+5	+5	+5	+3	+3
		SolZ	+5	–	+5	+5	–	–	–
		Länder	**+29**	**+5**	**+29**	**+29**	**+24**	**+16**	**+13**
		GewSt	+5	+1	+5	+5	+4	+3	+2
		ESt	+19	+4	+19	+19	+15	+11	+9
		KSt	+5	–	+5	+5	+5	+2	+2
		Gem.	**+31**	**+6**	**+31**	**+31**	**+25**	**+19**	**+10**
		GewSt	+24	+4	+24	+24	+20	+16	+8
		ESt	+7	+2	+7	+7	+5	+3	+2

lfd. Nr.	Maßnahme	Steuerart/ Gebietskörperschaft	Entstehungsjahr	Rechnungsjahr					
				2001	2002	2003	2004	2005	2006
21	Summe der finanzierenden Maßnahmen zur Reform der Unternehmensbesteuerung insgesamt (Pos. 17 bis Pos. 20)	**Insg.**	**+14 595**	**+5 570**	**+11 625**	**+16 465**	**+16 740**	**+15 765**	**+16 170**
		Bund	**+4 554**	**+1 698**	**+3 557**	**+5 055**	**+5 164**	**+4 829**	**+4 937**
		Länder	**+4 739**	**+1 780**	**+3 724**	**+5 287**	**+5 395**	**+5 056**	**+5 178**
		Gem.	**+5 302**	**+2 092**	**+4 344**	**+6 123**	**+6 181**	**+5 880**	**+6 055**
22	Summe der Maßnahmen zur Reform der Unternehmensbesteuerung insgesamt (Pos. 16 und Pos. 21)	**Insg.**	**−11 915**	**−16 655**	**−21 635**	**−18 545**	**−16 720**	**−17 805**	**−17 630**
		Bund	**−8 250**	**−9 313**	**−12 843**	**−12 200**	**−11 327**	**−11 750**	**−11 810**
		Länder	**−7 011**	**−8 212**	**−11 205**	**−10 453**	**−9 684**	**−10 099**	**−10 135**
		Gem.	**+3 346**	**+870**	**+2 413**	**+4 108**	**+4 291**	**+4 044**	**+4 315**
23	Anpassung der amtlichen Abschreibungstabellen an realitätsnähere Nutzungsdauern ab 01.01.2001	**Insg.**	**+3 450**	**+715**	**+2 660**	**+5 150**	**+6 990**	**+8 560**	**+5 220**
		GewSt	+1 510	+310	+1 160	+2 275	+3 090	+3 870	+2 360
		ESt	+850	+175	+655	+1 230	+1 665	+1 905	+1 160
		KSt	+990	+210	+765	+1 495	+2 030	+2 540	+1 550
		SolZ	+100	+20	+80	+150	+205	+245	+150
		Bund	**+1 029**	**+214**	**+796**	**+1 530**	**+2 076**	**+2 510**	**+1 531**
		GewSt	+73	+15	+55	+109	+148	+185	+113
		ESt	+361	+74	+278	+523	+708	+810	+493
		KSt	+495	+105	+383	+748	+1 015	+1 270	+775
		SolZ	+100	+20	+80	+150	+205	+245	+150
		Länder	**+1 090**	**+227**	**+838**	**+1 620**	**+2 198**	**+2 675**	**+1 631**
		GewSt	+234	+48	+178	+350	+475	+595	+363
		ESt	+361	+74	+278	+523	+708	+810	+493
		KSt	+495	+105	+382	+747	+1 015	+1 270	+775
		Gem.	**+1 331**	**+274**	**+1 026**	**+2 000**	**+2 716**	**+3 375**	**+2 058**
		GewSt	+1 203	+247	+927	+1 816	+2 467	+3 090	+1 884
		ESt	+128	+27	+99	+184	+249	+285	+174
24	Summe der Maßnahmen zur Reform der Unternehmensbesteuerung sowie die Anpassung der amtlichen Abschreibungstabellen[1)] (Pos. 22 und Pos. 23)	**Insg.**	**−8 465**	**−15 940**	**−18 975**	**−13 395**	**−9 730**	**−9 245**	**−12 410**
		Bund	**−7 221**	**−9 099**	**−12 047**	**−10 670**	**−9 251**	**−9 240**	**−10 279**
		Länder	**−5 921**	**−7 985**	**−10 367**	**−8 833**	**−7 486**	**−7 424**	**−8 504**
		Gem.	**+4 677**	**+1 144**	**+3 439**	**+6 108**	**+7 007**	**+7 419**	**+6 373**
B. Sonstige Maßnahmen im Zusammenhang mit der Reform der Unternehmensbesteuerung									
25	Senkung der Gewerbesteuer für „Fonds Deutsche Einheit" infolge der Veränderung des Gewerbesteueraufkommens durch die Reform der Unternehmensbesteuerung	GewSt-Umlage FDE							
		Insg.	–	–	–	–	–	–	–
		Bund	–	–	–	–	–	–	–
		Länder	–	–	–	−150	−155	−160	−165
		Gem.	–	–	–	+150	+155	+160	+165
26	Anpassung der normalen Gewerbesteuer-Umlage	normale GewSt-Umlage							
		Insg.	–	–	–	–	–	–	–
		Bund	+2 890	+700	+1 760	+2 890	+3 325	+3 420	+2 960
		Länder	+2 890	+700	+1 760	+2 890	+3 325	+3 420	+2 960
		Gem.	−5 780	−1 400	−3 520	−5 780	−6 650	−6 840	−5 920

1) siehe Seite 139

lfd. Nr.	Maßnahme	Steuerart/ Gebietskörperschaft	Entstehungsjahr	Rechnungsjahr					
				2001	2002	2003	2004	2005	2006
27	Summe der sonstigen Maßnahmen insgesamt (Pos. 25 und Pos. 26)	**Insg.**	–	–	–	–	–	–	–
		Bund	**+2 890**	**+700**	**+1 760**	**+2 890**	**+3 325**	**+3 420**	**+2 960**
		Länder	**+2 890**	**+700**	**+1 760**	**+2 740**	**+3 170**	**+3 260**	**+2 795**
		Gem.	**–5 780**	**–1 400**	**–3 520**	**–5 630**	**–6 495**	**–6 680**	**–5 755**
28	Summe der Maßnahmen zur Reform der Unternehmensbesteuerung sowie der sonstigen im Zusammenhang stehenden Maßnahmen[1] (Pos. 24 und Pos. 27)	**Insg.**	**–8 465**	**–15 940**	**–18 975**	**–13 395**	**–9 730**	**–9 245**	**–12 410**
		Bund	**–4 331**	**–8 399**	**–10 287**	**–7 780**	**–5 926**	**–5 820**	**–7 319**
		Länder	**–3 031**	**–7 285**	**–8 607**	**–6 093**	**–4 316**	**–4 164**	**–5 709**
		Gem.	**–1 103**	**–256**	**–81**	**+478**	**+512**	**+739**	**+618**
C. Reform des Einkommensteuertarifs									
29	Einführung des für 2002 beschlossenen Einkommensteuertarifs schon ab Veranlagungszeitraum 2001	**Insg.**	**(–27 840)**	**–28 655**	**+1 355**	**–540**	**–**	**–**	**–**
		LSt	(–23 100)	–24 560	–2 235	–	–	–	–
		ESt	(–3 400)	–2 720	+3 525	–510	–	–	–
		SolZ	(–1 340)	–1 375	+65	–30	–	–	–
		Bund	**(–12 603)**	**–12 969**	**+613**	**–247**	**–**	**–**	**–**
		LSt	(–9 818)	–10 438	–950	–	–	–	–
		ESt	(–1 445)	–1 156	+1 498	–217	–	–	–
		SolZ	(–1 340)	–1 375	+65	–30	–	–	–
		Länder	**(–11 263)**	**–11 594**	**+548**	**–217**	**–**	**–**	**–**
		LSt	(–9 818)	–10 438	–950	–	–	–	–
		ESt	(–1 445)	–1 156	+1 498	–217	–	–	–
		Gem.	**(–3 974)**	**–4 092**	**+194**	**–76**	**–**	**–**	**–**
		LSt	(–3 464)	–3 684	–335	–	–	–	–
		ESt	(–510)	–408	+529	–76	–	–	–
30	Änderung des Einkommensteuertarifs ab 2003 durch Erhöhung des Grundfreibetrags von bisher 14 000 DM um 500 DM auf 14 500 DM und Senkung des Eingangssteuersatzes von bisher 19,9 v.H. um 2,9 v.H.-Punkte auf 17 v.H. sowie Senkung des Höchststeuersatzes von bisher 48,5 v.H. um 1,5 v.H.-Punkte auf 47 v.H.	**Insg.**	**(–13 475)**	**–**	**–**	**–13 600**	**–13 480**	**+110**	**–410**
		LSt	(–10 400)	–	–	–11 000	–12 200	–1 000	–
		ESt	(–2 400)	–	–	–1 920	–600	+1 110	–390
		SolZ	(–675)	–	–	–680	–680	–	–20
		Bund	**(–6 115)**	**–**	**–**	**–6 171**	**–6 120**	**+47**	**–186**
		LSt	(–4 420)	–	–	–4 675	–5 185	–425	–19,9
		ESt	(–1 020)	–	–	–816	–255	+472	–166
		SolZ	(–675)	–	–	–680	–680	–	–20
		Länder	**(–5 440)**	**–**	**–**	**–5 491**	**–5 440**	**+47**	**–166**
		LSt	(–4 420)	–	–	–4 675	–5 185	–425	–
		ESt	(–1 020)	–	–	–816	–255	+472	–166
		Gem.	**(–1 920)**	**–**	**–**	**–1 938**	**–1 920**	**+16**	**–58**
		LSt	(–1 560)	–	–	–1 650	–1 830	–150	–
		ESt	(–360)	–	–	–288	–90	+166	–58

1) siehe Seite 139

lfd. Nr.	Maßnahme	Steuerart/ Gebietskörperschaft	Entstehungsjahr	Rechnungsjahr					
				2001	2002	2003	2004	2005	2006
31	Änderung des Einkommensteuertarifs ab 2005 durch eine weitere Erhöhung des Grundfreibetrags um 500 DM auf 15 000 DM und eine weitere Senkung des Eingangssteuersatzes um 2 v.H.-Punkte auf 15 v.H. sowie des Höchststeuersatzes um 4 v.H.-Punkte auf 43 v.H. mit einer gleichmäßigen Absenkung der Progressionszone	**Insg.**	**–47 455**	**–**	**–**	**–**	**–**	**–47 370**	**–47 890**
		LSt	–34 700	–	–	–	–	–36 700	–41 600
		ESt	–10 400	–	–	–	–	–8 320	–3 900
		SolZ	–2 355	–	–	–	–	–2 350	–2 390
		Bund	**–21 523**	**–**	**–**	**–**	**–**	**–21 484**	**–21 728**
		LSt	–14 748	–	–	–	–	–15 598	–17 680
		ESt	–4 420	–	–	–	–	–3 536	–1 658
		SolZ	–2 355	–	–	–	–	–2 350	–2 390
		Länder	**–19 168**	**–**	**–**	**–**	**–**	**–19 134**	**–19 338**
		LSt	–14 748	–	–	–	–	–15 598	–17 680
		ESt	–4 420	–	–	–	–	–3 536	–1 658
		Gem.	**–6 764**	**–**	**–**	**–**	**–**	**–6 752**	**–6 824**
		LSt	–5 204	–	–	–	–	–5 504	–6 240
		ESt	–1 560	–	–	–	–	–1 248	–584
32	Stufenweise Umstellung des bisherigen Einkommensteuertarifs auf DM-Basis auf einen Einkommensteuertarif auf Euro-Basis ohne Tabellenstufen	**Insg.**	**+280**	**+260**	**–100**	**+295**	**+270**	**+280**	**+280**
		LSt	+225	+215	–55	+230	+260	+260	+260
		ESt	+40	+30	–40	+50	–5	+5	+5
		SolZ	+15	+15	–5	+15	+15	+15	+15
		Bund	**+128**	**+119**	**–45**	**+134**	**+124**	**+128**	**+128**
		LSt	+96	+91	–23	+98	+111	+111	+111
		ESt	+17	+13	–17	+21	–2	+2	+2
		SolZ	+15	+15	–5	+15	+15	+15	+15
		Länder	**+113**	**+104**	**–40**	**+119**	**+109**	**+113**	**+113**
		LSt	+96	+91	–23	+98	+111	+111	+111
		ESt	+17	+13	–17	+21	–2	+2	+2
		Gem.	**+39**	**+37**	**–15**	**+42**	**+37**	**+39**	**+39**
		LSt	+33	+33	–9	+34	+38	+38	+38
		ESt	+6	+4	–6	+8	–1	+1	+1
33	Summe der Maßnahmen zur Reform des Einkommensteuertarifs insgesamt (Pos. 29 bis Pos. 32)	**Insg.**	**–47 175**	**–28 395**	**+1 255**	**–13 845**	**–13 210**	**–46 980**	**–48 020**
		Bund	**–21 395**	**–12 850**	**+568**	**–6 284**	**–5 996**	**–21 309**	**–21 786**
		Länder	**–19 055**	**–11 490**	**+508**	**–5 589**	**–5 331**	**–18 974**	**–19 391**
		Gem.	**–6 725**	**–4 055**	**+179**	**–1 972**	**–1 883**	**–6 697**	**–6 843**
D. Zusammenfassung der finanziellen Auswirkungen des Steuersenkungsgesetzes									
34	Reform der Unternehmensbesteuerung einschließlich der Anpassung der amtlichen Abschreibungstabellen[1] (Pos. 24)	**Insg.**	**–8 465**	**–15 940**	**–18 975**	**–13 395**	**–9 730**	**–9 245**	**–12 410**
		Bund	**–7 221**	**–9 099**	**–12 047**	**–10 670**	**–9 251**	**–9 240**	**–10 279**
		Länder	**–5 921**	**–7 985**	**–10 367**	**–8 833**	**–7 486**	**–7 424**	**–8 504**
		Gem.	**+4 677**	**+1 144**	**+3 439**	**+6 108**	**+7 007**	**+7 419**	**+6 373**
35	Sonstige Maßnahmen im Zusammenhang mit der Reform der Unternehmensbesteuerung (Pos. 27)	**Insg.**	**–**	**–**	**–**	**–**	**–**	**–**	**–**
		Bund	**+2 890**	**+700**	**+1 760**	**+2 890**	**+3 325**	**+3 420**	**+2 960**
		Länder	**+2 890**	**+700**	**+1 760**	**+2 740**	**+3 170**	**+3 260**	**+2 795**
		Gem.	**–5 780**	**–1 400**	**–3 520**	**–5 630**	**–6 495**	**–6 680**	**–5 755**

1) siehe Seite 139

lfd. Nr.	Maßnahme	Steuerart/ Gebiets- körper- schaft	Entste- hungs- jahr	Rechnungsjahr					
				2001	2002	2003	2004	2005	2006
36	Reform der Unternehmensbesteuerung einschließlich der sonstigen Maßnahmen (Änderung der Gewerbesteuerumlage)[1] (Pos. 34 und Pos. 35)	**Insg.**	**–8 465**	**–15 940**	**–18 975**	**–13 395**	**–9 730**	**–9 245**	**–12 410**
		Bund	**–4 331**	**–8 399**	**–10 287**	**–7 780**	**–5 926**	**–5 820**	**–7 319**
		Länder	**–3 031**	**–7 285**	**–8 607**	**–6 093**	**–4 316**	**–4 164**	**–5 709**
		Gem.	**–1 103**	**–256**	**–81**	**+478**	**+512**	**+739**	**+618**
37	Reform des Einkommensteuertarifs (Pos. 33)	**Insg.**	**–47 175**	**–28 395**	**+1 255**	**–13 845**	**–13 210**	**–46 980**	**–48 020**
		Bund	**–21 395**	**–12 850**	**+568**	**–6 284**	**–5 996**	**–21 309**	**–21 786**
		Länder	**–19 055**	**–11 490**	**+508**	**–5 589**	**–5 331**	**–18 974**	**–19 391**
		Gem.	**–6 725**	**–4 055**	**+179**	**–1 972**	**–1 883**	**–6 697**	**–6 843**
38	Finanzielle Auswirkungen aller Maßnahmen des Steuersenkungsgesetzes insgesamt (Pos. 36 und Pos. 37)	**Insg.**	**–55 640**	**–44 335**	**–17 720**	**–27 240**	**–22 940**	**–56 225**	**–60 430**
		Bund	**–25 726**	**–21 249**	**–9 719**	**–14 064**	**–11 922**	**–27 129**	**–29 105**
		Länder	**–22 086**	**–18 775**	**–8 099**	**–11 682**	**–9 647**	**–23 138**	**–25 100**
		Gem.	**–7 828**	**–4 311**	**+98**	**–1 494**	**–1 371**	**–5 958**	**–6 225**
E. Ergänzende Maßnahmen der Entschließung des Bundesrates vom 14. Juli 2000									
39	Wiedereinführung des halben Steuersatzes für Betriebsveräußerungen bzw. -aufgaben für aus dem Berufsleben ausscheidende Unternehmer einmal im Leben	**Insg.**	**–2 110**	**–1 055**	**–1 490**	**–2 100**	**–2 110**	**–1 995**	**–1 975**
		ESt	–2 000	–1 000	–1 410	–1 990	–2 000	–1 890	–1 870
		SolZ	–110	–55	–80	–110	–110	–105	–105
		Bund	**–960**	**–480**	**–679**	**–956**	**–960**	**–908**	**–900**
		ESt	–850	–425	–599	–846	–850	–803	–795
		SolZ	–110	–55	–80	–110	–110	–105	–105
		Länder							
		ESt	**–850**	**–425**	**–599**	**–846**	**–850**	**–803**	**–795**
		Gem.							
		ESt	**–300**	**–150**	**–212**	**–298**	**–300**	**–284**	**–280**
40	Weitere Senkung des Spitzensteuersatzes der Einkommensteuer um einen Prozentpunkt auf 42 v.H. ab 2005	**Insg.**	**–4 715**	**–**	**–**	**–**	**–**	**–4 540**	**–4 820**
		LSt	–2 700	–	–	–	–	–2 900	–3 300
		ESt	–1 780	–	–	–	–	–1 420	–1 290
		SolZ	–235	–	–	–	–	–220	–230
		Bund	**–2 140**	**–**	**–**	**–**	**–**	**–2 057**	**–2 181**
		LSt	–1 148	–	–	–	–	–1 233	–1 403
		ESt	–757	–	–	–	–	–604	–548
		SolZ	–235	–	–	–	–	–220	–230
		Länder	**–1 905**	**–**	**–**	**–**	**–**	**–1 837**	**–1 951**
		LSt	–1 148	–	–	–	–	–1 233	–1 403
		ESt	–757	–	–	–	–	–604	–548
		Gem.	**–670**	**–**	**–**	**–**	**–**	**–646**	**–688**
		LSt	–404	–	–	–	–	–434	–494
		ESt	–266	–	–	–	–	–212	–194

1) siehe Seite 139

lfd. Nr.	Maßnahme	Steuerart/ Gebiets-körper-schaft	Entste-hungs-jahr	Rechnungsjahr					
				2001	2002	2003	2004	2005	2006
41	Finanzielle Auswirkungen der Maßnahmen zur Reform der Unternehmensbesteuerung mit Berücksichtigung der Wiedereinführung des halben Steuersatzes für Betriebsveräußerungen[1] (Pos. 36 und Pos. 39)	Insg. Bund Länder Gem.	–10 575 –5 291 –3 881 –1 403	–16 995 –8 879 –7 710 –406	–20 465 –10 966 –9 206 –293	–15 495 –8 736 –6 939 +180	–11 840 –6 886 –5 166 +212	–11 240 –6 728 –4 967 +455	–14 385 –8 219 –6 504 +338
42	Finanzielle Auswirkungen der Reform des Einkommensteuertarifs mit Berücksichtigung der weiteren Tarifsenkung ab 2005 (Pos. 37 und Pos. 40)	Insg. Bund Länder Gem.	–51 890 –23 535 –20 960 –7 395	–28 395 –12 850 –11 490 –4 055	+1 255 +568 +508 +179	–13 845 –6 284 –5 589 –1 972	–13 210 –5 996 –5 331 –1 883	–51 520 –23 366 –20 811 –7 343	–52 840 –23 967 –21 342 –7 531
43	Finanzielle Auswirkungen des Steuersenkungsgesetzes mit Berücksichtigung der Maßnahmen der Entschließung des Bundesrates insgesamt (Pos. 41 und Pos. 42)	Insg. Bund Länder Gem.	–62 465 –28 826 –24 841 –8 798	–45 390 –21 729 –19 200 –4 461	–19 210 –10 398 –8 698 –114	–29 340 –15 020 –12 528 –1 792	–25 050 –12 882 –10 497 –1 671	–62 760 –30 094 –25 778 –6 888	–67 225 –32 186 –27 846 –7 193

Anmerkung:

1) Pos. 24, 28, 34, 36 und 41:
Der Unterschied zwischen den im Entstehungsjahr ausgewiesenen Steuermindereinnahmen der Reform der Unternehmensbesteuerung in Höhe von 10 575 Mio. DM einerseits und den deutlich höheren Steuermindereinnahmen in den Rechnungsjahren erklärt sich im Wesentlichen durch folgende Gründe:

- Die tariflichen Entlastungen werden bereits im Quellenabzug bzw. bei den zu leistenden Vorauszahlungen wirksam und steigen zudem von Jahr zu Jahr, während wesentliche Finanzierungsmaßnahmen (insbesondere die Einschränkungen der Abschreibungsbedingungen) erst mit erheblichem zeitlichen Abstand zu vergleichbaren kassenmäßigen Mehreinnahmen führen.
- Die Absenkung des Kapitalertragsteuersatzes stellt grundsätzliche keine Entlastung dar, weil sie als Quellensteuer keinen Einfluss auf die Höhe der festzusetzenden Einkommen- bzw. Körperschaftsteuerschuld hat. Insoweit hat diese Maßnahme keine Auswirkung im Entstehungsjahr. Gleichwohl führt diese Maßnahme in den Rechnungsjahren 2002 und 2003 zu erheblichen Steuermindereinnahmen, da durch die Absenkung der Quellensteuer eine zeitliche Verzögerung der Steuererhebung bewirkt wird. Die ausgewiesenen geringfügigen Mindereinnahmen beziehen sich auf Nichtanrechnungsberechtigte, bei denen die Kapitalertragsteuer eine Definitivbelastung bedeutet.

3. Entlastung für den Mittelstand

Wie der Mittelstand aus den verabschiedeten Maßnahmen in Zukunft entlastet wird, zeigt die nachfolgende Übersicht auf.

Sozioökonomische Aufteilung der verabschiedeten Steuergesetze[1)] und der geplanten steuerlichen Gesetzesmaßnahmen in der 14. Legislaturperiode Steuermehreinnahmen/Steuermindereinnahmen (–) in Mrd. DM

lfd. Nr.	Maßnahme	Entlastung(–) Belastung Saldo	Entstehungsjahr	Davon entfallen auf: Privathaushalte	Mittelstand	Großunternehmen
I. Verabschiedete Gesetze						
1	Steueränderungsgesetz 1998 vom 19.12.1998	Entlastung(–)	–2,9	–	–0,7	–2,2
2	Steuerentlastungsgesetz 1999 vom 19.12.1998	Entlastung(–)	–7,1	–6,8	–0,3	–
3	Steuerentlastungsgesetz 1999/2000/2002 vom 24.03.1999	Entlastung(–)	–45,6	–29,1	–13,4	–3,1
		Belastung	35,7	11,6	9,0	15,1
		Saldo zu 3	–9,9	–17,5	–4,4	12,0
4	Gesetz zur Änderung des Kraftfahrzeugsteuergesetzes und des Tabaksteuergesetzes vom 01.12.1999[2)]		.	.	.	.
5	Gesetz zur Familienförderung vom 22.12.1999	Entlastung(–)	–6,8	–6,8	–	–
		Belastung	0,2	0,2	–	–
		Saldo zu 5	–6,6	–6,6	–	–
6	Gesetz zur Bereinigung von steuerlichen Vorschriften vom 22.12.1999 (Steuerbereinigungsgesetz 1999)	Entlastung(–)	–3,1	–1,3	–0,5	–1,3
		Belastung	–	–	–	–
		Saldo zu 6	–3,1	–1,3	–0,5	–1,3
7	Gesetz zur Änderung des Wohngeldgesetzes und anderer Gesetze vom 22.12.1999	Belastung	0,2	0,2	–	–
8	Gesetz zur weiteren steuerlichen Förderung von Stiftungen	Entlastung(–)	–1,5	–0,7	–0,8	–
9	**Zwischensumme (lfd. Nr. 1 - 8)**	Entlastung(–)	**–67,0**	**–44,7**	**–15,7**	**–6,6**
		Belastung	**36,1**	**12,0**	**9,0**	**15,1**
		Saldo zu 9	**–30,9**	**–32,7**	**–6,7**	**8,5**
10	Gesetz zur Senkung der Steuersätze und zur Reform der Unternehmensbesteuerung	Entlastung(–)	–74,0	–29,7	–24,5	–19,8
		Belastung	18,3	0,2	4,8	13,3
	(Stand: Nach Vermittlungsverfahren; ohne Entschließungsantrag)	Saldo zu 10	–55,7	–29,5	–19,7	–6,5

Abdruck mit freundlicher Genehmigung des Bundesfinanzministeriums

lfd. Nr.	Maßnahme	Entlastung(–) Belastung Saldo	Entstehungsjahr	Davon entfallen auf: Privathaushalte	Mittelstand	Großunternehmen
	Nachrichtlich:					
11	Auswirkungen des in der Sitzung des Bundesrates am 14.07.2000 angenommenen Entschließungsantrags (halber Steuersatz bei Betriebsveräußerungen; Absenkung des Spitzensteuersatzes bei der Einkommensteuer auf 42 v.H.)	Entlastung(–)	–6,8	–3,1	–3,4	–0,3
12	**Zwischensumme (lfd. Nr. 10 + 11)**	Entlastung(–)	**–80,8**	**–32,8**	**–27,9**	**–20,1**
		Belastung	**18,3**	**0,2**	**4,8**	**13,3**
		Saldo zu 12	**–62,5**	**–32,6**	**–23,1**	**–6,8**
13	**Summe zu I. (lfd. Nr. 9 + 12)**	Entlastung(–)	**–147,8**	**–77,5**	**–43,6**	**–26,7**
		Belastung	**54,4**	**12,2**	**13,8**	**28,4**
		Saldo zu 13	**–93,4**	**–65,3**	**–29,8**	**1,7**
II. Noch nicht verabschiedete Gesetze						
14	Familienförderung (2. Stufe) (Stand: 29.06.1999)	Entlastung(–)	–4,4	–4,4	–	–
		Belastung	3,4	3,4	–	–
		Saldo zu 14	–1,0	–1,0	–	–
15	Gesetz zur Umrechnung und Glättung steuerlicher Euro-Beträge (StEuroG) (Stand:16.05.2000)	Entlastung(–)	–0,6	–0,6	–	–
		Belastung	–	–	–	–
		Saldo zu 15	–0,6	–0,6	–	–
16	**Alle Maßnahmen zusammen (lfd. Nrn. 13 + 14 + 15)**	Entlastung(–)	**–152,8**	**–82,5**	**–43,6**	**–26,7**
		Belastung	**57,8**	**15,6**	**13,8**	**28,4**
		Saldo zu 16	**–95,0**	**–66,9**	**–29,8**	**1,7**

1) Ohne Gesetz zur Neuregelung der geringfügigen Beschäftigungsverhältnisse vom 24. 03. 1999 und ohne die Gesetze zum Einstieg und zur Fortführung der ökologischen Steuerreform vom 24. 03.1999 bzw. vom 16.12.1999. Diese Gesetze sind grundsätzlich belastungsneutral: Steuerentlastungen stehen vergleichbare Zusatzbelastungen bei den Sozialabgaben gegenüber (geringfügige Beschäftigungsverhältnisse) bzw. Steuermehrbelastungen stehen entsprechende Entlastungen bei den Sozialabgaben gegenüber (ökologische Steuerreform).

2) Es sind nur die Rechnungsjahre 2000 und 2001 betroffen.

4. Entwicklung der Einkommensteuerbelastung

Die Tabelle zeigt auf, wie sich die Steuerbelastungen in Abhängigkeit vom Einkommen seit 1958 entwickelt haben. Hierbei fällt auf, dass die absolute durchschnittliche Steuerbelastung tendenziell stetig gesunken ist. Allerdings sind inflationäre Entwicklungen bei der Beurteilung der Daten zu berücksichtigen, um zu einem aussagekräftigen Urteil zu gelangen.

Einkommensteuerbelastung nach Tarifen 1958 bis 2005

Zu versteuerndes Einkommen DM	Grundtabelle															
	T1958 DM	T1965 DM	T1975 DM	T1978 DM	T1979 DM	T1981 DM	T1986 DM	T1988 DM	T1990 DM	T1996 DM	T1998 DM	T1999 DM	T2000 DM	T2001 DM	T2003 DM	T2005 DM
12 000	2 398	2 079	1 980	1 914	1 828	1 711	1 639	1 592	1 233	0	0	0	0	0	0	0
14 500	3 151	2 737	2 527	2 461	2 375	2 257	2 185	2 138	1 744	634	563	355	237	86	0	0
17 000	3 940	3 471	3 164	3 098	2 932	2 804	2 732	2 685	2 273	1 293	1 222	996	836	613	445	317
19 500	4 775	4 281	3 994	3 928	3 584	3 377	3 303	3 252	2 834	1 978	1 907	1 680	1 475	1 195	950	773
22 000	5 636	5 143	4 871	4 805	4 325	4 014	3 928	3 851	3 401	2 658	2 588	2 362	2 118	1 785	1 491	1 275
24 500	6 541	6 055	5 800	5 734	5 150	4 726	4 619	4 495	3 987	3 350	3 281	3 056	2 777	2 393	2 079	1 833
27 000	7 517	7 023	6 788	6 722	6 057	5 525	5 388	5 198	4 605	4 067	4 000	3 779	3 468	3 033	2 719	2 447
29 500	8 501	8 016	7 807	7 741	7 015	6 370	6 198	5 927	5 229	4 781	4 716	4 499	4 161	3 676	3 363	3 066
32 000	9 503	9 035	8 864	8 798	8 026	7 273	7 060	6 696	5 872	5 504	5 443	5 231	4 870	4 337	4 024	3 702

Abdruck mit freundlicher Genehmigung des Bundesfinanzministeriums

noch: Einkommensteuerbelastung (Grundtabelle)

34 500	10 535	10 090	9 968	9 902	9 093	8 228	7 971	7 503	6 533	6 239	6 181	5 976	5 596	5 016	4 703	4 357
37 000	11 572	11 152	11 087	11 021	10 183	9 252	8 947	8 365	7 229	7 000	6 946	6 750	6 355	5 728	5 415	5 043
39 500	12 625	12 234	12 231	12 165	11 304	10 297	9 942	9 242	7 928	7 756	7 707	7 520	7 114	6 442	6 130	5 733
42 000	13 708	13 348	13 409	13 343	12 463	11 380	10 975	10 152	8 646	8 523	8 479	8 302	7 889	7 174	6 862	6 440
44 500	14 793	14 466	14 588	14 522	13 628	12 520	12 064	11 114	9 399	9 318	9 280	9 115	8 699	7 940	7 628	7 181
47 000	15 893	15 599	15 777	15 711	14 810	13 666	13 161	12 084	10 156	10 106	10 074	9 922	9 508	8 707	8 396	7 924
49 500	17 021	16 762	16 988	16 922	16 020	14 837	14 284	13 082	10 930	10 905	10 881	10 743	10 333	9 492	9 182	8 685
52 000	18 136	17 911	18 183	18 117	17 215	16 031	15 432	14 105	11 724	11 715	11 698	11 576	11 175	10 295	9 985	9 463
54 500	19 291	19 100	19 420	19 354	18 452	17 270	16 627	15 176	12 554	12 553	12 545	12 439	12 053	11 133	10 823	10 276
57 000	20 460	20 302	20 670	20 604	19 702	18 500	17 816	16 246	13 386	13 385	13 385	13 298	12 928	11 971	11 662	11 090
59 500	21 612	21 485	21 902	21 836	20 934	19 743	19 021	17 338	14 236	14 235	14 235	14 168	13 820	12 827	12 518	11 921
62 000	22 805	22 707	23 175	23 109	22 207	21 025	20 269	18 473	15 124	15 123	15 123	15 071	14 748	13 719	13 410	12 788
64 500	24 008	23 937	24 458	24 392	23 490	22 291	21 502	19 603	16 012	16 011	16 011	15 966	15 674	14 611	14 302	13 655
67 000	25 194	25 146	25 721	25 655	24 753	23 566	22 747	20 749	16 919	16 918	16 918	16 875	16 615	15 520	15 211	14 539
69 500	26 418	26 389	27 025	26 959	26 057	24 879	24 029	21 936	17 865	17 864	17 864	17 821	17 595	16 466	16 158	15 461
72 000	27 652	27 638	28 338	28 272	27 370	26 174	25 293	23 112	18 810	18 809	18 809	18 766	18 570	17 411	17 103	16 381
74 500	28 865	28 861	29 629	29 563	28 661	27 477	26 564	24 301	19 773	19 773	19 772	19 729	19 561	18 373	18 065	17 318
77 000	30 116	30 116	30 959	30 893	29 991	28 788	27 841	25 500	20 755	20 755	20 755	20 712	20 569	19 352	19 045	18 273
79 500	31 375	31 375	32 297	32 231	31 329	30 135	29 152	26 736	21 778	21 778	21 778	21 735	21 617	20 371	20 064	19 267
82 000	32 611	32 611	33 610	33 544	32 642	31 461	30 440	27 955	22 799	22 798	22 798	22 755	22 658	21 387	21 080	20 258
84 500	33 884	33 884	34 962	34 896	33 994	32 794	31 733	29 184	23 838	23 837	23 837	23 794	23 716	22 419	22 113	21 266
87 000	35 162	35 162	36 321	36 255	35 353	34 162	33 060	30 448	24 919	24 918	24 917	24 875	24 814	23 493	23 186	22 314
89 500	36 416	36 416	37 653	37 587	36 685	35 507	34 364	31 694	25 995	25 995	25 994	25 951	25 906	24 561	24 255	23 358

noch: Einkommensteuerbelastung (Grundtabelle)

92 000	37 706	37 706	39 024	38 958	38 056	36 858	35 673	32 948	27 091	27 091	27 090	27 047	27 013	25 647	25 341	24 419
94 500	38 999	38 999	40 399	40 333	39 431	38 243	37 016	34 239	28 230	28 230	28 229	28 186	28 162	26 774	26 469	25 521
97 000	40 266	40 266	41 747	41 681	40 779	39 604	38 335	35 511	29 363	29 363	29 362	29 319	29 304	27 896	27 590	26 618
99 500	41 567	41 567	43 132	43 066	42 164	40 969	39 660	36 792	30 516	30 515	30 514	30 472	30 461	29 035	28 730	27 731
102 000	42 870	42 870	44 521	44 455	43 553	42 338	40 990	38 081	31 687	31 687	31 685	31 643	31 636	30 191	29 886	28 849
104 500	44 145	44 145	45 880	45 814	44 912	43 740	42 354	39 407	32 902	32 902	32 901	32 858	32 852	31 391	31 079	29 991
107 000	45 452	45 452	47 276	47 210	46 308	45 116	43 695	40 714	34 111	34 111	34 110	34 067	34 060	32 583	32 246	31 109
109 500	46 760	46 760	48 675	48 609	47 707	46 495	45 040	42 029	35 339	35 339	35 338	35 295	35 284	33 788	33 414	32 227
112 000	48 057	48 057	50 043	49 977	49 075	47 906	46 420	43 382	36 613	36 613	36 611	36 569	36 552	35 019	34 607	33 369
114 500	49 393	49 393	51 447	51 381	50 479	49 289	47 776	44 715	37 878	37 878	37 877	37 834	37 809	36 223	35 774	34 487
117 000	50 729	50 729	52 853	52 787	51 885	50 674	49 138	46 056	39 163	39 163	39 161	39 119	39 076	37 428	36 942	35 604
119 500	52 032	52 032	54 226	54 160	53 258	52 061	50 504	47 406	40 466	40 466	40 464	40 422	40 343	38 633	38 109	36 722
122 000	53 368	53 368	55 635	55 569	54 667	53 479	51 906	48 795	41 810	41 810	41 809	41 766	41 637	39 864	39 302	37 864
124 500	54 704	54 704	57 045	56 979	56 077	54 868	53 283	50 162	43 127	43 127	43 126	43 083	42 904	41 068	40 469	38 982
127 000	56 007	56 007	58 422	58 356	57 454	56 258	54 665	51 539	44 443	44 443	44 442	44 399	44 171	42 273	41 637	40 100
129 500	57 343	57 343	59 832	59 766	58 864	57 678	56 082	52 954	45 788	45 788	45 787	45 744	45 465	43 504	42 830	41 242
132 000	58 679	58 679	61 244	61 178	60 276	59 069	57 473	54 345	47 105	47 105	47 104	47 061	46 732	44 709	43 997	42 360
134 500	59 982	59 982	62 621	62 555	61 653	60 460	58 864	55 736	48 421	48 421	48 420	48 377	47 999	45 914	45 165	43 478
137 000	61 318	61 318	64 032	63 966	63 064	61 881	60 285	57 157	49 766	49 766	49 765	49 722	49 293	47 145	46 358	44 620
139 500	62 654	62 654	65 444	65 378	64 476	63 272	61 676	58 548	51 083	51 083	51 082	51 039	50 560	48 349	47 525	45 737
142 000	63 957	63 957	66 821	66 755	65 853	64 663	63 067	59 939	52 399	52 399	52 398	52 355	51 827	49 554	48 693	46 855
144 500	65 293	65 293	68 232	68 166	67 264	66 055	64 459	61 331	53 716	53 716	53 715	53 672	53 094	50 759	49 860	47 973
147 000	66 629	66 629	69 644	69 578	68 676	67 476	65 880	62 752	55 061	55 061	55 060	55 017	54 388	51 990	51 053	49 115

Zu versteuerndes Einkommen	Splittingtabelle															
DM	T1958 DM	T1965 DM	T1975 DM	T1978 DM	T1979 DM	T1981 DM	T1986 DM	T1988 DM	T1990 DM	T1996 DM	T1998 DM	T1999 DM	T2000 DM	T2001 DM	T2003 DM	T2005 DM
12 000	1 728	1 640	1 320	1 188	1 016	784	640	546	142	0	0	0	0	0	0	0
17 000	2 794	2 590	2 414	2 282	2 110	1 878	1 734	1 640	1 088	0	0	0	0	0	0	0
22 000	4 200	3 666	3 510	3 378	3 206	2 970	2 826	2 732	2 056	0	0	0	0	0	0	0
27 000	5 694	4 932	4 620	4 488	4 316	4 088	3 944	3 850	3 084	758	616	232	24	0	0	0
32 000	7 244	6 340	5 714	5 582	5 410	5 180	5 036	4 942	4 128	2 068	1 926	1 480	1 196	802	530	316
37 000	8 866	7 890	7 302	7 170	6 616	6 276	6 132	6 036	5 210	3 400	3 256	2 804	2 428	1 912	1 480	1 164
42 000	10 580	9 588	9 032	8 900	8 040	7 484	7 324	7 196	6 328	4 752	4 610	4 158	3 700	3 078	2 524	2 122
47 000	12 346	11 374	10 850	10 718	9 626	8 878	8 682	8 476	7 510	6 156	6 018	5 566	5 034	4 306	3 688	3 216
52 000	14 240	13 254	12 766	12 634	11 364	10 388	10 140	9 816	8 706	7 552	7 416	6 970	6 374	5 544	4 916	4 392
57 000	16 216	15 234	14 794	14 662	13 256	12 028	11 714	11 242	9 938	8 970	8 838	8 400	7 746	6 816	6 190	5 616
62 000	18 204	17 254	16 880	16 748	15 236	13 826	13 434	12 782	11 236	10 440	10 314	9 886	9 182	8 154	7 526	6 902
67 000	20 230	19 320	19 034	18 902	17 312	15 696	15 218	14 366	12 544	11 900	11 782	11 366	10 620	9 496	8 870	8 198
72 000	22 316	21 454	21 278	21 146	19 492	17 666	17 094	16 024	13 890	13 382	13 270	12 870	12 092	10 876	10 250	9 528
77 000	24 408	23 604	23 548	23 416	21 710	19 722	19 054	17 752	15 274	14 886	14 784	14 400	13 596	12 290	11 666	10 892
82 000	26 536	25 790	25 860	25 728	23 982	21 904	21 134	19 586	16 726	16 444	16 352	15 988	15 168	13 770	13 148	12 324
87 000	28 720	28 038	28 234	28 102	26 324	24 110	23 240	21 442	18 186	17 990	17 910	17 570	16 740	15 256	14 632	13 760
92 000	30 908	30 294	30 606	30 474	28 676	26 378	25 408	23 360	19 682	19 558	19 490	19 174	18 344	16 776	16 154	15 230
97 000	33 126	32 580	32 992	32 860	31 056	28 752	27 684	25 376	21 250	21 182	21 128	20 840	20 016	18 366	17 744	16 770
102 000	35 398	34 922	35 430	35 298	33 494	31 122	29 960	27 404	22 822	22 794	22 754	22 496	21 688	19 958	19 336	18 312

noch: Einkommensteuerbelastung (Splittingtabelle)

107 000	37 644	37 234	37 836	37 704	35 900	33 534	32 282	29 480	24 432	24 426	24 402	24 178	23 392	21 584	20 964	19 890
112 000	39 970	39 628	40 326	40 194	38 390	36 034	34 696	31 650	26 116	26 114	26 110	25 920	25 168	23 282	22 662	21 538
117 000	42 322	42 046	42 840	42 708	40 904	38 510	37 096	33 816	27 802	27 800	27 802	27 652	26 938	24 980	24 360	23 186
122 000	44 642	44 424	45 316	45 184	43 380	41 010	39 526	36 024	29 524	29 524	29 524	29 408	28 742	26 712	26 094	24 870
127 000	47 040	46 878	47 874	47 742	45 938	43 534	41 982	38 268	31 286	31 284	31 284	31 190	30 578	28 480	27 864	26 590
132 000	49 460	49 346	50 454	50 322	48 518	46 132	44 518	40 598	33 124	33 122	33 122	33 036	32 490	30 324	29 706	28 382
137 000	51 842	51 770	52 992	52 860	51 056	48 694	47 020	42 910	34 960	34 960	34 958	34 872	34 394	32 162	31 546	30 172
142 000	54 302	54 264	55 612	55 480	53 676	51 276	49 540	45 250	36 834	36 834	36 832	36 746	36 330	34 038	33 422	31 998
147 000	56 782	56 766	58 248	58 116	56 312	53 932	52 130	47 668	38 788	38 786	38 786	38 700	38 342	35 988	35 374	33 898
152 000	59 218	59 216	60 838	60 706	58 902	56 548	54 680	50 058	40 738	40 736	40 736	40 650	40 346	37 934	37 320	35 794
157 000	61 728	61 728	63 508	63 376	61 572	59 178	57 242	52 472	42 726	42 724	42 724	42 638	42 382	39 914	39 300	37 726
162 000	64 256	64 256	66 194	66 062	64 258	61 882	59 870	54 954	44 794	44 794	44 792	44 706	44 498	41 974	41 360	39 736
167 000	66 736	66 736	68 828	68 696	66 892	64 544	62 452	57 404	46 858	46 858	46 856	46 770	46 600	44 026	43 412	41 738
172 000	69 288	69 288	71 540	71 408	69 604	67 216	65 046	59 872	48 958	48 958	48 956	48 870	48 736	46 112	45 500	43 776
177 000	71 852	71 852	74 266	74 134	72 330	69 902	67 650	62 356	51 096	51 096	51 094	51 008	50 906	48 234	47 622	45 848
182 000	74 366	74 366	76 936	76 804	75 000	72 658	70 320	64 912	53 320	53 320	53 318	53 232	53 156	50 440	49 828	48 002
187 000	76 950	76 950	79 684	79 552	77 748	75 366	72 944	67 432	55 534	55 534	55 532	55 446	55 392	52 632	52 022	50 146
192 000	79 542	79 542	82 442	82 310	80 506	78 082	75 580	69 970	57 786	57 786	57 784	57 698	57 660	54 860	54 250	52 326
197 000	82 080	82 080	85 142	85 010	83 206	80 868	78 282	72 578	60 124	60 124	60 122	60 038	60 012	57 174	56 564	54 588
202 000	84 684	84 684	87 916	87 784	85 980	83 604	80 938	75 150	62 452	62 452	62 450	62 364	62 348	59 474	58 864	56 824
207 000	87 294	87 294	90 698	90 566	88 762	86 346	83 604	77 740	64 818	64 816	64 814	64 730	64 716	61 808	61 194	59 058
212 000	89 846	89 846	93 422	93 290	91 486	89 094	86 280	80 346	67 220	67 220	67 216	67 132	67 118	64 178	63 528	61 294
217 000	92 460	92 460	96 216	96 084	94 280	91 910	89 026	83 026	69 712	69 712	69 710	69 624	69 606	66 632	65 914	63 578

noch: Einkommensteuerbelastung (Splittingtabelle)

222 000	95 098	95 098	99 018	98 886	97 082	94 670	91 724	85 668	72 190	72 190	72 188	72 104	72 074	69 042	68 248	65 814
227 000	97 704	97 704	101 756	101 624	99 820	97 436	94 432	88 326	74 706	74 706	74 704	74 618	74 576	71 452	70 584	68 050
232 000	100 376	100 376	104 566	104 434	102 630	100 264	97 208	91 060	77 316	77 316	77 312	77 228	77 160	73 914	72 970	70 334
237 000	103 048	103 048	107 380	107 248	105 444	103 036	99 938	93 754	79 908	79 908	79 904	79 820	79 694	76 322	75 304	72 570
242 000	105 654	105 654	110 130	109 998	108 194	105 812	102 676	96 466	82 532	82 532	82 530	82 444	82 228	78 732	77 640	74 806
247 000	108 326	108 326	112 948	112 816	111 012	108 650	105 486	99 252	85 222	85 222	85 220	85 134	84 816	81 194	80 026	77 090
252 000	110 998	110 998	115 768	115 636	113 832	111 428	108 246	101 998	87 856	87 856	87 854	87 768	87 350	83 604	82 360	79 324
257 000	113 604	113 604	118 522	118 390	116 586	114 208	111 016	104 762	90 488	90 488	90 486	90 400	89 884	86 014	84 696	81 560
262 000	116 276	116 276	121 344	121 212	119 408	116 990	113 798	107 542	93 122	93 122	93 120	93 034	92 418	88 422	87 030	83 796
267 000	118 948	118 948	124 168	124 036	122 232	119 832	116 640	110 384	95 812	95 812	95 810	95 724	95 006	90 884	89 416	86 080
272 000	121 554	121 554	126 922	126 790	124 986	122 614	119 422	113 166	98 446	98 446	98 444	98 358	97 540	93 294	91 750	88 316
277 000	124 226	124 226	129 744	129 612	127 808	125 396	122 204	115 948	101 078	101 078	101 076	100 990	100 074	95 704	94 086	90 552
282 000	126 898	126 898	132 568	132 436	130 632	128 238	125 046	118 790	103 768	103 768	103 766	103 680	102 662	98 166	96 472	92 836
287 000	129 504	129 504	135 322	135 190	133 386	131 020	127 828	121 572	106 402	106 402	106 400	106 314	105 196	100 574	98 806	95 072
292 000	132 176	132 176	138 144	138 012	136 208	133 802	130 610	124 354	109 034	109 034	109 032	108 946	107 730	102 984	101 142	97 306
297 000	134 848	134 848	140 968	140 836	139 032	136 646	133 454	127 198	111 726	111 726	111 724	111 638	110 320	105 446	103 528	99 592
302 000	137 454	137 454	143 722	143 590	141 786	139 428	136 236	129 980	114 358	114 358	114 356	114 270	112 852	107 856	105 862	101 826
307 000	140 126	140 126	146 544	146 412	144 608	142 210	139 018	132 762	116 992	116 992	116 990	116 904	115 386	110 264	108 196	104 062
312 000	142 798	142 798	149 368	149 236	147 432	144 992	141 800	135 544	119 624	119 624	119 622	119 536	117 920	112 674	110 532	106 298
317 000	145 404	145 404	152 122	151 990	150 186	147 834	144 642	138 386	122 314	122 314	122 312	122 226	120 508	115 136	112 918	108 582
322 000	148 076	148 076	154 944	154 812	153 008	150 616	147 424	141 168	124 948	124 948	124 946	124 860	123 042	117 546	115 252	110 818
327 000	150 748	150 748	157 768	157 636	155 832	153 398	150 206	143 950	127 580	127 580	127 578	127 492	125 576	119 956	117 588	113 054
332 000	153 354	153 354	160 522	160 390	158 586	156 240	153 048	146 792	130 270	130 270	130 268	130 182	128 164	122 418	119 974	115 338

5. Entwicklung der Durchschnittsbelastung

Bestätigt wird die Aussage zur vorigen Tabelle durch die nachfolgende Übersicht.

Durchschnittsbelastung nach Tarifen 1958 bis 2005

Zu versteuerndes Einkommen DM	Grundtabelle															
	T1958 v. H.	T1965 v. H.	T1975 v. H.	T1978 v. H.	T1979 v. H.	T1981 v. H.	T1986 v. H.	T1988 v. H.	T1990 v. H.	T1996 v. H.	T1998 v. H.	T1999 v. H.	T2000 v. H.	T2001 v. H.	T2003 v. H.	T2005 v. H.
12 000	20,0	17,3	16,5	16,0	15,2	14,3	13,7	13,3	10,3	0,0	0,0	0,0	0,0	0,0	0,0	0,0
14 500	21,7	18,9	17,4	17,0	16,4	15,6	15,1	14,7	12,0	4,4	3,9	2,4	1,6	0,6	0,0	0,0
17 000	23,2	20,4	18,6	18,2	17,2	16,5	16,1	15,8	13,4	7,6	7,2	5,9	4,9	3,6	2,6	1,9
19 500	24,5	22,0	20,5	20,1	18,4	17,3	16,9	16,7	14,5	10,1	9,8	8,6	7,6	6,1	4,9	4,0
22 000	25,6	23,4	22,1	21,8	19,7	18,2	17,9	17,5	15,5	12,1	11,8	10,7	9,6	8,1	6,8	5,8
24 500	26,7	24,7	23,7	23,4	21,0	19,3	18,9	18,3	16,3	13,7	13,4	12,5	11,3	9,8	8,5	7,5
27 000	27,8	26,0	25,1	24,9	22,4	20,5	20,0	19,3	17,1	15,1	14,8	14,0	12,8	11,2	10,1	9,1
29 500	28,8	27,2	26,5	26,2	23,8	21,6	21,0	20,1	17,7	16,2	16,0	15,3	14,1	12,5	11,4	10,4
32 000	29,7	28,2	27,7	27,5	25,1	22,7	22,1	20,9	18,4	17,2	17,0	16,3	15,2	13,6	12,6	11,6
34 500	30,5	29,2	28,9	28,7	26,4	23,8	23,1	21,7	18,9	18,1	17,9	17,3	16,2	14,5	13,6	12,6
37 000	31,3	30,1	30,0	29,8	27,5	25,0	24,2	22,6	19,5	18,9	18,8	18,2	17,2	15,5	14,6	13,6

Abdruck mit freundlicher Genehmigung des Bundesfinanzministeriums

noch: Durchschnittsbelastung (Grundtabelle)

39 500	32,0	31,0	31,0	30,8	28,6	26,1	25,2	23,4	20,1	19,6	19,5	19,0	18,0	16,3	15,5	14,5
42 000	32,6	31,8	31,9	31,8	29,7	27,1	26,1	24,2	20,6	20,3	20,2	19,8	18,8	17,1	16,3	15,3
44 500	33,2	32,5	32,8	32,6	30,6	28,1	27,1	25,0	21,1	20,9	20,9	20,5	19,5	17,8	17,1	16,1
47 000	33,8	33,2	33,6	33,4	31,5	29,1	28,0	25,7	21,6	21,5	21,4	21,1	20,2	18,5	17,9	16,9
49 500	34,4	33,9	34,3	34,2	32,4	30,0	28,9	26,4	22,1	22,0	22,0	21,7	20,9	19,2	18,5	17,5
52 000	34,9	34,4	35,0	34,8	33,1	30,8	29,7	27,1	22,5	22,5	22,5	22,3	21,5	19,8	19,2	18,2
54 500	35,4	35,0	35,6	35,5	33,9	31,7	30,5	27,8	23,0	23,0	23,0	22,8	22,1	20,4	19,9	18,9
57 000	35,9	35,6	36,3	36,1	34,6	32,5	31,3	28,5	23,5	23,5	23,5	23,3	22,7	21,0	20,5	19,5
59 500	36,3	36,1	36,8	36,7	35,2	33,2	32,0	29,1	23,9	23,9	23,9	23,8	23,2	21,6	21,0	20,0
62 000	36,8	36,6	37,4	37,3	35,8	33,9	32,7	29,8	24,4	24,4	24,4	24,3	23,8	22,1	21,6	20,6
64 500	37,2	37,1	37,9	37,8	36,4	34,6	33,3	30,4	24,8	24,8	24,8	24,8	24,3	22,7	22,2	21,2
67 000	37,6	37,5	38,4	38,3	36,9	35,2	34,0	31,0	25,3	25,3	25,3	25,2	24,8	23,2	22,7	21,7
69 500	38,0	38,0	38,9	38,8	37,5	35,8	34,6	31,6	25,7	25,7	25,7	25,6	25,3	23,7	23,2	22,2
72 000	38,4	38,4	39,4	39,3	38,0	36,4	35,1	32,1	26,1	26,1	26,1	26,1	25,8	24,2	23,8	22,8
74 500	38,7	38,7	39,8	39,7	38,5	36,9	35,7	32,6	26,5	26,5	26,5	26,5	26,3	24,7	24,2	23,2
77 000	39,1	39,1	40,2	40,1	38,9	37,4	36,2	33,1	27,0	27,0	27,0	26,9	26,7	25,1	24,7	23,7
79 500	39,5	39,5	40,6	40,5	39,4	37,9	36,7	33,6	27,4	27,4	27,4	27,3	27,2	25,6	25,2	24,2
82 000	39,8	39,8	41,0	40,9	39,8	38,4	37,1	34,1	27,8	27,8	27,8	27,8	27,6	26,1	25,7	24,7
84 500	40,1	40,1	41,4	41,3	40,2	38,8	37,6	34,5	28,2	28,2	28,2	28,2	28,1	26,5	26,2	25,2
87 000	40,4	40,4	41,7	41,7	40,6	39,3	38,0	35,0	28,6	28,6	28,6	28,6	28,5	27,0	26,7	25,6
89 500	40,7	40,7	42,1	42,0	41,0	39,7	38,4	35,4	29,0	29,0	29,0	29,0	28,9	27,4	27,1	26,1
92 000	41,0	41,0	42,4	42,3	41,4	40,1	38,8	35,8	29,4	29,4	29,4	29,4	29,4	27,9	27,5	26,5

noch: Durchschnittsbelastung (Grundtabelle)

94 500	41,3	41,3	42,8	42,7	41,7	40,5	39,2	36,2	29,9	29,9	29,9	29,8	29,8	28,3	28,0	27,0
97 000	41,5	41,5	43,0	43,0	42,0	40,8	39,5	36,6	30,3	30,3	30,3	30,2	30,2	28,8	28,4	27,4
99 500	41,8	41,8	43,3	43,3	42,4	41,2	39,9	37,0	30,7	30,7	30,7	30,6	30,6	29,2	28,9	27,9
102 000	42,0	42,0	43,6	43,6	42,7	41,5	40,2	37,3	31,1	31,1	31,1	31,0	31,0	29,6	29,3	28,3
104 500	42,2	42,2	43,9	43,8	43,0	41,9	40,5	37,7	31,5	31,5	31,5	31,4	31,4	30,0	29,7	28,7
107 000	42,5	42,5	44,2	44,1	43,3	42,2	40,8	38,1	31,9	31,9	31,9	31,8	31,8	30,5	30,1	29,1
109 500	42,7	42,7	44,5	44,4	43,6	42,5	41,1	38,4	32,3	32,3	32,3	32,2	32,2	30,9	30,5	29,4
112 000	42,9	42,9	44,7	44,6	43,8	42,8	41,4	38,7	32,7	32,7	32,7	32,7	32,6	31,3	30,9	29,8
114 500	43,1	43,1	44,9	44,9	44,1	43,0	41,7	39,1	33,1	33,1	33,1	33,0	33,0	31,6	31,2	30,1
117 000	43,4	43,4	45,2	45,1	44,3	43,3	42,0	39,4	33,5	33,5	33,5	33,4	33,4	32,0	31,6	30,4
119 500	43,5	43,5	45,4	45,3	44,6	43,6	42,3	39,7	33,9	33,9	33,9	33,8	33,8	32,3	31,9	30,7
122 000	43,7	43,7	45,6	45,5	44,8	43,8	42,5	40,0	34,3	34,3	34,3	34,2	34,1	32,7	32,2	31,0
124 500	43,9	43,9	45,8	45,8	45,0	44,1	42,8	40,3	34,6	34,6	34,6	34,6	34,5	33,0	32,5	31,3
127 000	44,1	44,1	46,0	45,9	45,2	44,3	43,0	40,6	35,0	35,0	35,0	35,0	34,8	33,3	32,8	31,6
129 500	44,3	44,3	46,2	46,2	45,5	44,5	43,3	40,9	35,4	35,4	35,4	35,3	35,1	33,6	33,1	31,8
132 000	44,5	44,5	46,4	46,3	45,7	44,7	43,5	41,2	35,7	35,7	35,7	35,7	35,4	33,9	33,3	32,1
134 500	44,6	44,6	46,6	46,5	45,8	45,0	43,8	41,4	36,0	36,0	36,0	36,0	35,7	34,1	33,6	32,3
137 000	44,8	44,8	46,7	46,7	46,0	45,2	44,0	41,7	36,3	36,3	36,3	36,3	36,0	34,4	33,8	32,6
139 500	44,9	44,9	46,9	46,9	46,2	45,4	44,2	42,0	36,6	36,6	36,6	36,6	36,2	34,7	34,1	32,8
142 000	45,0	45,0	47,1	47,0	46,4	45,5	44,4	42,2	36,9	36,9	36,9	36,9	36,5	34,9	34,3	33,0
144 500	45,2	45,2	47,2	47,2	46,5	45,7	44,6	42,4	37,2	37,2	37,2	37,1	36,7	35,1	34,5	33,2
147 000	45,3	45,3	47,4	47,3	46,7	45,9	44,8	42,7	37,5	37,5	37,5	37,4	37,0	35,4	34,7	33,4

Splittingtabelle

Zu versteuerndes Einkommen DM	T1958 v. H.	T1965 v. H.	T1975 v. H.	T1978 v. H.	T1979 v. H.	T1981 v. H.	T1986 v. H.	T1988 v. H.	T1990 v. H.	T1996 v. H.	T1998 v. H.	T1999 v. H.	T2000 v. H.	T2001 v. H.	T2003 v. H.	T2005 v. H.
12 000	14,4	13,7	11,0	9,9	8,5	6,5	5,3	4,6	1,2	0,0	0,0	0,0	0,0	0,0	0,0	0,0
17 000	16,4	15,2	14,2	13,4	12,4	11,0	10,2	9,6	6,4	0,0	0,0	0,0	0,0	0,0	0,0	0,0
22 000	19,1	16,7	16,0	15,4	14,6	13,5	12,8	12,4	9,3	0,0	0,0	0,0	0,0	0,0	0,0	0,0
27 000	21,1	18,3	17,1	16,6	16,0	15,1	14,6	14,3	11,4	2,8	2,3	0,9	0,1	0,0	0,0	0,0
32 000	22,6	19,8	17,9	17,4	16,9	16,2	15,7	15,4	12,9	6,5	6,0	4,6	3,7	2,5	1,7	1,0
37 000	24,0	21,3	19,7	19,4	17,9	17,0	16,6	16,3	14,1	9,2	8,8	7,6	6,6	5,2	4,0	3,1
42 000	25,2	22,8	21,5	21,2	19,1	17,8	17,4	17,1	15,1	11,3	11,0	9,9	8,8	7,3	6,0	5,1
47 000	26,3	24,2	23,1	22,8	20,5	18,9	18,5	18,0	16,0	13,1	12,8	11,8	10,7	9,2	7,8	6,8
52 000	27,4	25,5	24,6	24,3	21,9	20,0	19,5	18,9	16,7	14,5	14,3	13,4	12,3	10,7	9,5	8,4
57 000	28,4	26,7	26,0	25,7	23,3	21,1	20,6	19,7	17,4	15,7	15,5	14,7	13,6	12,0	10,9	9,9
62 000	29,4	27,8	27,2	27,0	24,6	22,3	21,7	20,6	18,1	16,8	16,6	15,9	14,8	13,2	12,1	11,1
67 000	30,2	28,8	28,4	28,2	25,8	23,4	22,7	21,4	18,7	17,8	17,6	17,0	15,9	14,2	13,2	12,2
72 000	31,0	29,8	29,6	29,4	27,1	24,5	23,7	22,3	19,3	18,6	18,4	17,9	16,8	15,1	14,2	13,2
77 000	31,7	30,7	30,6	30,4	28,2	25,6	24,7	23,1	19,8	19,3	19,2	18,7	17,7	16,0	15,2	14,1
82 000	32,4	31,5	31,5	31,4	29,2	26,7	25,8	23,9	20,4	20,1	19,9	19,5	18,5	16,8	16,0	15,0
87 000	33,0	32,2	32,5	32,3	30,3	27,7	26,7	24,6	20,9	20,7	20,6	20,2	19,2	17,5	16,8	15,8
92 000	33,6	32,9	33,3	33,1	31,2	28,7	27,6	25,4	21,4	21,3	21,2	20,8	19,9	18,2	17,6	16,6
97 000	34,2	33,6	34,0	33,9	32,0	29,6	28,5	26,2	21,9	21,8	21,8	21,5	20,6	18,9	18,3	17,3
102 000	34,7	34,2	34,7	34,6	32,8	30,5	29,4	26,9	22,4	22,3	22,3	22,1	21,3	19,6	19,0	18,0

noch: Durchschnittsbelastung (Splittingtabelle)

107 000	35,2	34,8	35,4	35,2	33,6	31,3	30,2	27,6	22,8	22,8	22,8	22,6	21,9	20,2	19,6	18,6
112 000	35,7	35,4	36,0	35,9	34,3	32,2	31,0	28,3	23,3	23,3	23,3	23,1	22,5	20,8	20,2	19,2
117 000	36,2	35,9	36,6	36,5	35,0	32,9	31,7	28,9	23,8	23,8	23,8	23,6	23,0	21,4	20,8	19,8
122 000	36,6	36,4	37,1	37,0	35,6	33,6	32,4	29,5	24,2	24,2	24,2	24,1	23,6	21,9	21,4	20,4
127 000	37,0	36,9	37,7	37,6	36,2	34,3	33,1	30,1	24,6	24,6	24,6	24,6	24,1	22,4	21,9	20,9
132 000	37,5	37,4	38,2	38,1	36,8	34,9	33,7	30,8	25,1	25,1	25,1	25,0	24,6	23,0	22,5	21,5
137 000	37,8	37,8	38,7	38,6	37,3	35,5	34,3	31,3	25,5	25,5	25,5	25,5	25,1	23,5	23,0	22,0
142 000	38,2	38,2	39,2	39,1	37,8	36,1	34,9	31,9	25,9	25,9	25,9	25,9	25,6	24,0	23,5	22,5
147 000	38,6	38,6	39,6	39,5	38,3	36,7	35,5	32,4	26,4	26,4	26,4	26,3	26,1	24,5	24,1	23,1
152 000	39,0	39,0	40,0	39,9	38,8	37,2	36,0	32,9	26,8	26,8	26,8	26,7	26,5	25,0	24,6	23,5
157 000	39,3	39,3	40,5	40,4	39,2	37,7	36,5	33,4	27,2	27,2	27,2	27,2	27,0	25,4	25,0	24,0
162 000	39,7	39,7	40,9	40,8	39,7	38,2	37,0	33,9	27,7	27,7	27,6	27,6	27,5	25,9	25,5	24,5
167 000	40,0	40,0	41,2	41,1	40,1	38,6	37,4	34,4	28,1	28,1	28,1	28,0	27,9	26,4	26,0	25,0
172 000	40,3	40,3	41,6	41,5	40,5	39,1	37,8	34,8	28,5	28,5	28,5	28,4	28,3	26,8	26,5	25,5
177 000	40,6	40,6	42,0	41,9	40,9	39,5	38,2	35,2	28,9	28,9	28,9	28,8	28,8	27,3	26,9	25,9
182 000	40,9	40,9	42,3	42,2	41,2	39,9	38,6	35,7	29,3	29,3	29,3	29,2	29,2	27,7	27,4	26,4
187 000	41,1	41,1	42,6	42,5	41,6	40,3	39,0	36,1	29,7	29,7	29,7	29,7	29,6	28,1	27,8	26,8
192 000	41,4	41,4	42,9	42,9	41,9	40,7	39,4	36,4	30,1	30,1	30,1	30,1	30,0	28,6	28,3	27,3
197 000	41,7	41,7	43,2	43,2	42,2	41,0	39,7	36,8	30,5	30,5	30,5	30,5	30,5	29,0	28,7	27,7
202 000	41,9	41,9	43,5	43,5	42,6	41,4	40,1	37,2	30,9	30,9	30,9	30,9	30,9	29,4	29,1	28,1
207 000	42,2	42,2	43,8	43,8	42,9	41,7	40,4	37,6	31,3	31,3	31,3	31,3	31,3	29,9	29,6	28,5
212 000	42,4	42,4	44,1	44,0	43,2	42,0	40,7	37,9	31,7	31,7	31,7	31,7	31,7	30,3	30,0	28,9
217 000	42,6	42,6	44,3	44,3	43,4	42,4	41,0	38,3	32,1	32,1	32,1	32,1	32,1	30,7	30,4	29,3

noch: Durchschnittsbelastung (Splittingtabelle)

222 000	42,8	42,8	44,6	44,5	43,7	42,6	41,3	38,6	32,5	32,5	32,5	32,5	32,5	31,1	30,7	29,6
227 000	43,0	43,0	44,8	44,8	44,0	42,9	41,6	38,9	32,9	32,9	32,9	32,9	32,9	31,5	31,1	30,0
232 000	43,3	43,3	45,1	45,0	44,2	43,2	41,9	39,3	33,3	33,3	33,3	33,3	33,3	31,9	31,5	30,3
237 000	43,5	43,5	45,3	45,3	44,5	43,5	42,2	39,6	33,7	33,7	33,7	33,7	33,6	32,2	31,8	30,6
242 000	43,7	43,7	45,5	45,5	44,7	43,7	42,4	39,9	34,1	34,1	34,1	34,1	34,0	32,5	32,1	30,9
247 000	43,9	43,9	45,7	45,7	44,9	44,0	42,7	40,2	34,5	34,5	34,5	34,5	34,3	32,9	32,4	31,2
252 000	44,0	44,0	45,9	45,9	45,2	44,2	43,0	40,5	34,9	34,9	34,9	34,8	34,7	33,2	32,7	31,5
257 000	44,2	44,2	46,1	46,1	45,4	44,4	43,2	40,8	35,2	35,2	35,2	35,2	35,0	33,5	33,0	31,7
262 000	44,4	44,4	46,3	46,3	45,6	44,7	43,4	41,0	35,5	35,5	35,5	35,5	35,3	33,7	33,2	32,0
267 000	44,5	44,5	46,5	46,5	45,8	44,9	43,7	41,3	35,9	35,9	35,9	35,9	35,6	34,0	33,5	32,2
272 000	44,7	44,7	46,7	46,6	46,0	45,1	43,9	41,6	36,2	36,2	36,2	36,2	35,9	34,3	33,7	32,5
277 000	44,8	44,8	46,8	46,8	46,1	45,3	44,1	41,9	36,5	36,5	36,5	36,5	36,1	34,6	34,0	32,7
282 000	45,0	45,0	47,0	47,0	46,3	45,5	44,3	42,1	36,8	36,8	36,8	36,8	36,4	34,8	34,2	32,9
287 000	45,1	45,1	47,2	47,1	46,5	45,7	44,5	42,4	37,1	37,1	37,1	37,0	36,7	35,0	34,4	33,1
292 000	45,3	45,3	47,3	47,3	46,6	45,8	44,7	42,6	37,3	37,3	37,3	37,3	36,9	35,3	34,6	33,3
297 000	45,4	45,4	47,5	47,4	46,8	46,0	44,9	42,8	37,6	37,6	37,6	37,6	37,1	35,5	34,9	33,5
302 000	45,5	45,5	47,6	47,5	46,9	46,2	45,1	43,0	37,9	37,9	37,9	37,8	37,4	35,7	35,1	33,7
307 000	45,6	45,6	47,7	47,7	47,1	46,3	45,3	43,2	38,1	38,1	38,1	38,1	37,6	35,9	35,2	33,9
312 000	45,8	45,8	47,9	47,8	47,3	46,5	45,4	43,4	38,3	38,3	38,3	38,3	37,8	36,1	35,4	34,1
317 000	45,9	45,9	48,0	47,9	47,4	46,6	45,6	43,7	38,6	38,6	38,6	38,6	38,0	36,3	35,6	34,3
322 000	46,0	46,0	48,1	48,1	47,5	46,8	45,8	43,8	38,8	38,8	38,8	38,8	38,2	36,5	35,8	34,4
327 000	46,1	46,1	48,2	48,2	47,7	46,9	45,9	44,0	39,0	39,0	39,0	39,0	38,4	36,7	36,0	34,6
332 000	46,2	46,2	48,4	48,3	47,8	47,1	46,1	44,2	39,2	39,2	39,2	39,2	38,6	36,9	36,1	34,7

6. Senkung der Spitzenbelastung

Durch die Maßnahmen der Steuerreform wird die Spitzenbelastung erstmals deutlich sinken, was vor allem höheren Einkommen deutlich zugute kommen wird.

Grenzbelastung nach Tarifen 1995 bis 2005

Zu versteuerndes Einkommen DM	Grundtabelle															
	T1958 v. H.	T1965 v. H.	T1975 v. H.	T1978 v. H.	T1979 v. H.	T1981 v. H.	T1986 v. H.	T1988 v. H.	T1990 v. H.	T1996 v. H.	T1998 v. H.	T1999 v. H.	T2000 v. H.	T2001 v. H.	T2003 v. H.	T2005 v. H.
12 000	29,5	24,8	22,0	22,0	22,0	22,0	22,0	22,0	20,2	0,0	0,0	0,0	0,0	0,0	0,0	0,0
14 500	31,0	28,0	22,0	22,0	22,0	22,0	22,0	22,0	20,9	26,3	26,3	24,9	23,4	20,2	0,0	0,0
17 000	32,4	30,9	31,7	31,7	23,8	22,0	22,0	22,0	21,7	26,8	26,7	26,7	24,7	22,2	18,9	16,8
19 500	33,9	33,4	34,1	34,1	27,9	24,0	23,8	23,2	22,5	27,2	27,2	27,2	25,5	23,4	20,8	19,1
22 000	35,3	35,7	36,3	36,3	31,5	27,2	26,5	25,0	23,2	27,6	27,7	27,7	26,2	24,1	22,7	21,3
24 500	38,4	37,6	38,3	38,3	34,6	30,1	29,1	26,8	24,0	28,1	28,1	28,2	26,9	24,8	24,6	23,6
27 000	39,1	39,2	40,1	40,1	37,3	32,8	31,5	28,6	24,7	28,5	28,6	28,7	27,6	25,6	25,6	24,6
29 500	39,9	40,5	41,7	41,7	39,6	35,2	33,7	30,2	25,5	28,9	29,0	29,2	28,2	26,3	26,3	25,3
32 000	40,6	41,4	43,2	43,2	41,5	37,4	35,7	31,7	26,3	29,4	29,5	29,7	28,9	27,0	27,0	26,0
34 500	41,3	42,3	44,4	44,4	43,1	39,4	37,6	33,2	27,0	29,8	29,9	30,2	29,5	27,7	27,7	26,7
37 000	42,0	43,1	45,5	45,5	44,4	41,3	39,3	34,7	27,8	30,2	30,4	30,7	30,2	28,4	28,4	27,4

Abdruck mit freundlicher Genehmigung des Bundesfinanzministeriums

noch: Grenzbelastung (Grundtabelle)

39 500	42,6	43,8	46,4	46,4	45,5	42,9	40,9	36,0	28,5	30,7	30,9	31,3	30,9	29,1	29,1	28,1
42 000	43,3	44,5	47,1	47,1	46,4	44,3	42,3	37,3	29,3	31,1	31,3	31,8	31,6	29,8	29,8	28,8
44 500	43,9	45,2	47,6	47,6	47,2	45,6	43,6	38,5	30,1	31,5	31,8	32,3	32,2	30,5	30,6	29,6
47 000	44,5	45,8	47,9	47,9	47,8	46,7	44,7	39,6	30,8	32,0	32,2	32,8	32,9	31,2	31,3	30,3
49 500	45,0	46,4	48,3	48,3	48,3	47,6	45,7	40,7	31,6	32,4	32,7	33,3	33,6	32,0	32,0	31,0
52 000	45,6	47,0	48,8	48,8	48,8	48,5	46,7	41,7	32,3	32,8	33,1	33,8	34,2	32,7	32,7	31,7
54 500	46,1	47,5	49,3	49,3	49,3	49,2	47,5	42,7	33,1	33,3	33,6	34,3	34,9	33,4	33,4	32,4
57 000	46,6	47,9	49,8	49,8	49,8	49,8	48,2	43,5	33,9	33,9	34,0	34,8	35,6	34,1	34,1	33,1
59 500	47,1	48,3	50,3	50,3	50,3	50,3	48,8	44,3	34,6	34,6	34,6	35,3	36,2	34,8	34,8	33,8
62 000	47,5	48,7	50,7	50,7	50,7	50,7	49,4	45,1	35,4	35,4	35,4	35,8	36,9	35,5	35,5	34,5
64 500	48,0	49,0	51,2	51,2	51,2	51,2	49,9	45,8	36,1	36,1	36,1	36,3	37,6	36,2	36,2	35,2
67 000	48,4	49,2	51,5	51,5	51,5	51,5	50,3	46,5	36,9	36,9	36,9	36,9	38,2	36,9	37,0	36,0
69 500	48,8	49,5	51,9	51,9	51,9	51,9	50,7	47,1	37,7	37,7	37,7	37,7	38,9	37,7	37,7	36,7
72 000	49,1	49,6	52,3	52,3	52,3	52,3	51,0	47,6	38,4	38,4	38,4	38,4	39,6	38,4	38,4	37,4
74 500	49,5	49,8	52,6	52,6	52,6	52,6	51,3	48,1	39,2	39,2	39,2	39,2	40,3	39,1	39,1	38,1
77 000	49,8	49,9	52,9	52,9	52,9	52,9	51,5	48,5	39,9	39,9	39,9	39,9	40,9	39,8	39,8	38,8
79 500	50,1	50,1	53,2	53,2	53,2	53,2	51,8	48,9	40,7	40,7	40,7	40,7	41,6	40,5	40,5	39,5
82 000	50,4	50,4	53,5	53,5	53,5	53,5	52,0	49,3	41,4	41,4	41,4	41,4	42,3	41,2	41,2	40,2
84 500	50,6	50,6	53,8	53,8	53,8	53,8	52,2	49,6	42,2	42,2	42,2	42,2	42,9	41,9	41,9	40,9
87 000	50,9	50,9	54,0	54,0	54,0	54,0	52,4	50,0	43,0	43,0	43,0	43,0	43,6	42,7	42,7	41,7
89 500	51,1	51,1	54,3	54,3	54,3	54,3	52,6	50,3	43,7	43,7	43,7	43,7	44,3	43,4	43,4	42,4
92 000	51,3	51,3	54,5	54,5	54,5	54,5	52,8	50,7	44,5	44,5	44,5	44,5	44,9	44,1	44,1	43,1

noch: Grenzbelastung (Grundtabelle)

94 500	51,4	51,4	54,7	54,7	54,7	54,7	53,0	51,0	45,3	45,3	45,3	45,3	45,6	44,8	44,8	43,8
97 000	51,6	51,6	54,9	54,9	54,9	54,9	53,2	51,4	46,0	46,0	46,0	46,0	46,3	45,5	45,5	44,5
99 500	51,7	51,7	55,0	55,0	55,0	55,0	53,4	51,7	46,8	46,8	46,8	46,8	46,9	46,2	46,2	45,0
102 000	51,8	51,8	55,2	55,2	55,2	55,2	53,6	52,1	47,5	47,5	47,5	47,5	47,6	46,9	46,9	45,0
104 500	51,8	51,8	55,3	55,3	55,3	55,3	53,9	52,4	48,3	48,3	48,3	48,3	48,3	47,6	47,0	45,0
107 000	51,9	51,9	55,5	55,5	55,5	55,4	54,1	52,8	49,0	49,0	49,0	49,0	48,9	48,3	47,0	45,0
109 500	51,9	51,9	55,6	55,6	55,6	55,6	54,3	53,1	49,8	49,8	49,8	49,8	49,6	48,5	47,0	45,0
112 000	53,0	53,0	55,7	55,7	55,7	55,7	54,5	53,5	50,6	50,6	50,6	50,6	50,3	48,5	47,0	45,0
114 500	53,0	53,0	55,7	55,7	55,7	55,7	54,7	53,8	51,3	51,3	51,3	51,3	51,0	48,5	47,0	45,0
117 000	53,0	53,0	55,8	55,8	55,8	55,8	54,9	54,2	52,1	52,1	52,1	52,1	51,0	48,5	47,0	45,0
119 500	53,0	53,0	55,9	55,9	55,9	55,9	55,1	54,5	52,8	52,8	52,8	52,8	51,0	48,5	47,0	45,0
122 000	53,0	53,0	55,9	55,9	55,9	55,9	55,3	54,9	53,0	53,0	53,0	53,0	51,0	48,5	47,0	45,0
124 500	53,0	53,0	56,0	56,0	56,0	55,9	55,5	55,2	53,0	53,0	53,0	53,0	51,0	48,5	47,0	45,0
127 000	53,0	53,0	56,0	56,0	56,0	56,0	55,7	55,6	53,0	53,0	53,0	53,0	51,0	48,5	47,0	45,0
129 500	53,0	53,0	56,0	56,0	56,0	56,0	56,0	55,9	53,0	53,0	53,0	53,0	51,0	48,5	47,0	45,0
132 000	53,0	53,0	56,0	56,0	56,0	56,0	56,0	56,0	53,0	53,0	53,0	53,0	51,0	48,5	47,0	45,0
134 500	53,0	53,0	56,0	56,0	56,0	56,0	56,0	56,0	53,0	53,0	53,0	53,0	51,0	48,5	47,0	45,0
137 000	53,0	53,0	56,0	56,0	56,0	56,0	56,0	56,0	53,0	53,0	53,0	53,0	51,0	48,5	47,0	45,0
139 500	53,0	53,0	56,0	56,0	56,0	56,0	56,0	56,0	53,0	53,0	53,0	53,0	51,0	48,5	47,0	45,0
142 000	53,0	53,0	56,0	56,0	56,0	56,0	56,0	56,0	53,0	53,0	53,0	53,0	51,0	48,5	47,0	45,0
144 500	53,0	53,0	56,0	56,0	56,0	56,0	56,0	56,0	53,0	53,0	53,0	53,0	51,0	48,5	47,0	45,0
147 000	53,0	53,0	56,0	56,0	56,0	56,0	56,0	56,0	53,0	53,0	53,0	53,0	51,0	48,5	47,0	45,0

Splittingtabelle

Zu versteuerndes Einkommen DM	T1958 v. H.	T1965 v. H.	T1975 v. H.	T1978 v. H.	T1979 v. H.	T1981 v. H.	T1986 v. H.	T1988 v. H.	T1990 v. H.	T1996 v. H.	T1998 v. H.	T1999 v. H.	T2000 v. H.	T2001 v. H.	T2003 v. H.	T2005 v. H.
12 000	20,0	19,0	22,0	22,0	22,0	22,0	22,0	22,0	19,0	0,0	0,0	0,0	0,0	0,0	0,0	0,0
17 000	27,5	19,8	22,0	22,0	22,0	22,0	22,0	22,0	19,1	0,0	0,0	0,0	0,0	0,0	0,0	0,0
22 000	28,9	23,4	22,0	22,0	22,0	22,0	22,0	22,0	19,9	0,0	0,0	0,0	0,0	0,0	0,0	0,0
27 000	30,4	26,8	22,0	22,0	22,0	22,0	22,0	22,0	20,6	26,2	26,1	24,2	22,9	0,0	0,0	0,0
32 000	31,8	29,8	22,0	22,0	22,0	22,0	22,0	22,0	21,4	26,6	26,6	26,0	24,2	21,4	18,2	15,9
37 000	33,3	32,4	33,2	33,2	26,3	22,6	22,6	22,4	22,2	27,0	27,0	27,0	25,3	23,1	20,1	18,2
42 000	34,7	34,8	35,5	35,5	30,1	25,9	25,4	24,3	22,9	27,4	27,5	27,5	25,9	23,8	22,0	20,4
47 000	36,2	36,9	37,5	37,5	33,4	29,0	28,1	26,1	23,7	27,9	27,9	28,0	26,6	24,6	23,9	22,7
52 000	38,8	38,6	39,4	39,4	36,3	31,7	30,5	27,9	24,4	28,3	28,4	28,5	27,3	25,3	25,3	24,3
57 000	39,6	40,0	41,1	41,1	38,7	34,3	32,8	29,5	25,2	28,7	28,8	29,0	27,9	26,0	26,0	25,0
62 000	40,3	41,1	42,6	42,6	40,8	36,6	34,9	31,1	26,0	29,2	29,3	29,5	28,6	26,7	26,7	25,7
67 000	41,0	41,9	43,9	43,9	42,5	38,7	36,9	32,6	26,7	29,6	29,8	30,0	29,3	27,4	27,4	26,4
72 000	41,7	42,8	45,1	45,1	43,9	40,5	38,6	34,1	27,5	30,0	30,2	30,5	30,0	28,1	28,1	27,1
77 000	42,4	43,5	46,0	46,0	45,1	42,2	40,2	35,5	28,2	30,5	30,7	31,0	30,6	28,8	28,8	27,8
82 000	43,0	44,3	46,8	46,8	46,1	43,7	41,7	36,8	29,0	30,9	31,1	31,6	31,3	29,5	29,6	28,6
87 000	43,6	45,0	47,4	47,4	46,9	45,1	43,0	38,0	29,7	31,3	31,6	32,1	32,0	30,2	30,3	29,3
92 000	44,2	45,6	47,8	47,8	47,5	46,2	44,2	39,2	30,5	31,8	32,0	32,6	32,6	31,0	31,0	30,0
97 000	44,8	46,2	48,1	48,1	48,1	47,3	45,3	40,3	31,3	32,2	32,5	33,1	33,3	31,7	31,7	30,7
102 000	45,4	46,8	48,6	48,6	48,6	48,1	46,3	41,3	32,0	32,6	33,0	33,6	34,0	32,4	32,4	31,4

noch: Grenzbelastung (Splittingtabelle)

107 000	45,9	47,3	49,1	49,1	49,1	48,9	47,2	42,3	32,8	33,1	33,4	34,1	34,6	33,1	33,1	32,1
112 000	46,4	47,7	49,6	49,6	49,6	49,6	47,9	43,2	33,6	33,6	33,9	34,6	35,3	33,8	33,8	32,8
117 000	46,9	48,1	50,1	50,1	50,1	50,1	48,6	44,0	34,3	34,3	34,3	35,1	36,0	34,5	34,5	33,5
122 000	47,4	48,5	50,6	50,6	50,6	50,6	49,2	44,8	35,1	35,1	35,1	35,6	36,6	35,2	35,2	34,2
127 000	47,8	48,9	51,0	51,0	51,0	51,0	49,7	45,5	35,8	35,8	35,8	36,1	37,3	35,9	36,0	35,0
132 000	48,2	49,1	51,4	51,4	51,4	51,4	50,2	46,2	36,6	36,6	36,6	36,6	38,0	36,7	36,7	35,7
137 000	48,6	49,4	51,8	51,8	51,8	51,8	50,6	46,8	37,3	37,3	37,3	37,3	38,6	37,4	37,4	36,4
142 000	49,0	49,6	52,1	52,1	52,1	52,1	50,9	47,4	38,1	38,1	38,1	38,1	39,3	38,1	38,1	37,1
147 000	49,4	49,7	52,5	52,5	52,5	52,5	51,2	47,9	38,9	38,9	38,9	38,9	40,0	38,8	38,8	37,8
152 000	49,7	49,8	52,8	52,8	52,8	52,8	51,5	48,3	39,6	39,6	39,6	39,6	40,7	39,5	39,5	38,5
157 000	50,0	50,0	53,1	53,1	53,1	53,1	51,7	48,7	40,4	40,4	40,4	40,4	41,3	40,2	40,2	39,2
162 000	50,3	50,3	53,4	53,4	53,4	53,4	51,9	49,1	41,2	41,2	41,2	41,2	42,0	40,9	41,0	40,0
167 000	50,5	50,5	53,7	53,7	53,7	53,7	52,1	49,5	41,9	41,9	41,9	41,9	42,7	41,7	41,7	40,7
172 000	50,8	50,8	53,9	53,9	53,9	53,9	52,3	49,8	42,7	42,7	42,7	42,7	43,3	42,4	42,4	41,4
177 000	51,0	51,0	54,2	54,2	54,2	54,2	52,5	50,2	43,4	43,4	43,4	43,4	44,0	43,1	43,1	42,1
182 000	51,2	51,2	54,4	54,4	54,4	54,4	52,7	50,5	44,2	44,2	44,2	44,2	44,7	43,8	43,8	42,8
187 000	51,4	51,4	54,6	54,6	54,6	54,6	52,9	50,9	44,9	44,9	44,9	44,9	45,3	44,5	44,5	43,5
192 000	51,5	51,5	54,8	54,8	54,8	54,8	53,1	51,2	45,7	45,7	45,7	45,7	46,0	45,2	45,2	44,2
197 000	51,6	51,6	55,0	55,0	55,0	55,0	53,4	51,6	46,5	46,5	46,5	46,5	46,7	45,9	45,9	44,9
202 000	51,7	51,7	55,1	55,1	55,1	55,1	53,6	51,9	47,2	47,2	47,2	47,2	47,3	46,6	46,6	45,0
207 000	51,8	51,8	55,3	55,3	55,3	55,3	53,8	52,3	48,0	48,0	48,0	48,0	48,0	47,3	47,0	45,0
212 000	51,9	51,9	55,4	55,4	55,4	55,4	54,0	52,6	48,7	48,7	48,7	48,7	48,7	48,1	47,0	45,0
217 000	51,9	51,9	55,5	55,5	55,5	55,5	54,2	53,0	49,5	49,5	49,5	49,5	49,4	48,5	47,0	45,0

noch: Grenzbelastung (Splittingtabelle)

222 000	53,0	53,0	55,6	55,6	55,6	55,6	54,4	53,3	50,3	50,3	50,3	50,3	50,0	48,5	47,0	45,0
227 000	53,0	53,0	55,7	55,7	55,7	55,7	54,6	53,7	51,0	51,0	51,0	51,0	50,7	48,5	47,0	45,0
232 000	53,0	53,0	55,8	55,8	55,8	55,8	54,8	54,0	51,8	51,8	51,8	51,8	51,0	48,5	47,0	45,0
237 000	53,0	53,0	55,9	55,9	55,9	55,8	55,0	54,4	52,5	52,5	52,5	52,5	51,0	48,5	47,0	45,0
242 000	53,0	53,0	55,9	55,9	55,9	55,9	55,2	54,7	53,0	53,0	53,0	53,0	51,0	48,5	47,0	45,0
247 000	53,0	53,0	55,9	55,9	55,9	55,9	55,5	55,1	53,0	53,0	53,0	53,0	51,0	48,5	47,0	45,0
252 000	53,0	53,0	56,0	56,0	56,0	55,9	55,7	55,4	53,0	53,0	53,0	53,0	51,0	48,5	47,0	45,0
257 000	53,0	53,0	56,0	56,0	56,0	56,0	55,9	55,8	53,0	53,0	53,0	53,0	51,0	48,5	47,0	45,0
262 000	53,0	53,0	56,0	56,0	56,0	56,0	56,0	56,0	53,0	53,0	53,0	53,0	51,0	48,5	47,0	45,0
267 000	53,0	53,0	56,0	56,0	56,0	56,0	56,0	56,0	53,0	53,0	53,0	53,0	51,0	48,5	47,0	45,0
272 000	53,0	53,0	56,0	56,0	56,0	56,0	56,0	56,0	53,0	53,0	53,0	53,0	51,0	48,5	47,0	45,0
277 000	53,0	53,0	56,0	56,0	56,0	56,0	56,0	56,0	53,0	53,0	53,0	53,0	51,0	48,5	47,0	45,0
282 000	53,0	53,0	56,0	56,0	56,0	56,0	56,0	56,0	53,0	53,0	53,0	53,0	51,0	48,5	47,0	45,0
287 000	53,0	53,0	56,0	56,0	56,0	56,0	56,0	56,0	53,0	53,0	53,0	53,0	51,0	48,5	47,0	45,0
292 000	53,0	53,0	56,0	56,0	56,0	56,0	56,0	56,0	53,0	53,0	53,0	53,0	51,0	48,5	47,0	45,0
297 000	53,0	53,0	56,0	56,0	56,0	56,0	56,0	56,0	53,0	53,0	53,0	53,0	51,0	48,5	47,0	45,0
302 000	53,0	53,0	56,0	56,0	56,0	56,0	56,0	56,0	53,0	53,0	53,0	53,0	51,0	48,5	47,0	45,0
307 000	53,0	53,0	56,0	56,0	56,0	56,0	56,0	56,0	53,0	53,0	53,0	53,0	51,0	48,5	47,0	45,0
312 000	53,0	53,0	56,0	56,0	56,0	56,0	56,0	56,0	53,0	53,0	53,0	53,0	51,0	48,5	47,0	45,0
317 000	53,0	53,0	56,0	56,0	56,0	56,0	56,0	56,0	53,0	53,0	53,0	53,0	51,0	48,5	47,0	45,0
322 000	53,0	53,0	56,0	56,0	56,0	56,0	56,0	56,0	53,0	53,0	53,0	53,0	51,0	48,5	47,0	45,0
327 000	53,0	53,0	56,0	56,0	56,0	56,0	56,0	56,0	53,0	53,0	53,0	53,0	51,0	48,5	47,0	45,0
332 000	53,0	53,0	56,0	56,0	56,0	56,0	56,0	56,0	53,0	53,0	53,0	53,0	51,0	48,5	47,0	45,0

7. Wie Sie persönlich von der Steuerreform profitieren

Die nun folgenden Übersichten zeigen auf, wie Sie persönlich von der Steuerreform profitieren. Besonders interessant sind die Beispiele verschiedener Berufsgruppen in Abhängigkeit von den Familienverhältnissen und vom Einkommen.

Entlastung bei der Jahreslohnsteuer einschließlich SolZ durch Einführung eines geänderten Tarifs 2005 (Entschließung Bundesrat) gegenüber 1998 für die Steuerklasse I/0

Jahres-bruttolohn	Gesamt-belastung (+) 1998	Gesamt-belastung (+) 2005 BT-Beschluss	Gesamt-belastung (+) 2005 Vermittlungs-vorschlag	Differenz (Sp. 4 – Sp. 3)	Entlastung (-) gegenüber 1998 (Sp. 4 – Sp. 2)	
DM	DM	DM	DM	DM	DM	
1	2	3	4	5	6	7
20 000	407	0	0	0	-407	100,00
30 000	3 031	1 499	1 499	0	-1 532	50,54
40 000	6 367	4 459	4 444	-16	-1 923	30,20
50 000	9 609	7 408	7 335	-73	-2 274	23,66
60 000	13 062	10 676	10 506	-170	-2 556	19,57
70 000	16 707	14 226	13 920	-306	-2 787	16,68
80 000	20 659	18 075	17 594	-481	-3 065	14,83
90 000	24 932	22 226	21 527	-698	-3 404	13,65
100 000	29 524	26 676	25 722	-954	-3 802	12,87
110 000	34 464	31 409	30 152	-1 258	-4 312	12,51
120 000	39 698	36 153	34 579	-1 574	-5 119	12,89
150 000	56 397	50 380	47 858	-2 523	-8 539	15,14
180 000	73 185	64 635	61 162	-3 473	-12 024	16,42
250 000	112 317	97 860	92 172	-5 688	-20 145	17,93
500 000	252 115	216 557	202 956	-13 601	-49 160	19,49

Abdruck mit freundlicher Genehmigung des Bundesfinanzministeriums

Entlastung bei der Jahreslohnsteuer einschließlich SolZ durch Einführung eines geänderten Tarifs 2005 (Entschließung Bundesrat) gegenüber 1998 für die Steuerklasse III/0

Jahres-bruttolohn	Gesamt-belastung (+) 1998	Gesamt-belastung (+) 2005 BT-Beschluss	Gesamt-belastung (+) 2005 Vermittlungs-vorschlag	Differenz (Sp. 4 – Sp. 3)	Entlastung (-) gegenüber 1998 (Sp. 4 – Sp. 2)	
DM	DM	DM	DM	DM	DM	
1	2	3	4	5	6	7
20 000	0	0	0	0	0	0
30 000	0	0	0	0	0	0
40 000	1 326	0	0	0	-1 326	100,00
50 000	3 578	1 382	1 382	0	-2 196	61,37
60 000	6 636	3 438	3 438	0	-3 198	48,19
70 000	10 016	6 526	6 518	-8	-3 498	34,92
80 000	13 348	9 468	9 427	-40	-3 920	29,37
90 000	16 578	12 386	12 295	-91	-4 283	25,83
100 000	19 870	15 422	15 262	-160	-4 608	23,19
110 000	23 294	18 644	18 393	-251	-4 902	21,04
120 000	26 814	22 016	21 653	-363	-5 161	19,24
150 000	38 037	32 958	32 146	-812	-5 891	15,48
180 000	50 729	45 291	43 848	-1 443	-6 881	13,56
250 000	85 921	77 946	74 422	-3 524	-11 500	13,38
500 000	225 721	196 641	185 205	-11 436	-40 516	17,94

Abdruck mit freundlicher Genehmigung des Bundesfinanzministeriums

Entlastung bei der Jahreslohnsteuer einschließlich SolZ durch Einführung eines geänderten Tarifs 2005 (Entschließung Bundesrat) und Einbeziehung der Verbesserung beim Kindergeld gegenüber 1998 für die Steuerklasse III/1

Jahres-bruttolohn	Gesamt-belastung (+) 1998	Gesamt-belastung (+) 2005 BT-Beschluss	Gesamt-belastung (+) 2005 Vermittlungs-vorschlag	Differenz (Sp. 4 – Sp. 3)	Entlastung (-) gegenüber 1998 (Sp. 4 – Sp. 2)	
DM	DM	DM	DM	DM	DM	
1	2	3	4	5	6	7
20 000	-2 640	-3 240	-3 240	0	-600	22,72
30 000	-2 640	-3 240	-3 240	0	-600	22,72
40 000	-1 314	-3 240	-3 240	0	-1 926	146,57
50 000	938	-1 858	-1 858	0	-2 796	298,08
60 000	3 790	198	198	0	-3 592	94,77
70 000	7 267	2 960	2 952	-8	-4 315	59,37
80 000	10 595	6 085	6 046	-39	-4 549	42,93
90 000	13 822	8 995	8 907	-88	-4 915	35,55
100 000	17 110	12 024	11 867	-157	-5 243	30,64
110 000	20 531	15 238	14 991	-246	-5 540	26,98
120 000	24 047	18 602	18 245	-357	-5 802	24,12
150 000	35 255	29 521	28 717	-804	-6 538	18,54
180 000	47 930	41 831	40 399	-1 431	-7 530	15,71
250 000	83 082	74 460	70 952	-3 507	-12 130	14,59
500 000	222 880	193 156	181 736	-11 420	-41 144	18,46

Abdruck mit freundlicher Genehmigung des Bundesfinanzministeriums

Entlastung bei der Jahreslohnsteuer einschließlich SolZ durch Einführung eines geänderten Tarifs 2005 (Entschließung Bundesrat) und Einbeziehung der Verbesserung beim Kindergeld gegenüber 1998 für die Steuerklasse III/2

Jahres-bruttolohn	Gesamt-belastung (+) 1998	Gesamt-belastung (+) 2005 BT-Beschluss	Gesamt-belastung (+) 2005 Vermittlungs-vorschlag	Differenz (Sp. 4 – Sp. 3)	Entlastung (-) gegenüber 1998 (Sp. 4 – Sp. 2)	
DM	DM	DM	DM	DM	DM	
1	2	3	4	5	6	7
20 000	-5 280	-6 480	-6 480	0	-1 200	22,72
30 000	-5 280	-6 480	-6 480	0	-1 200	22,72
40 000	-3 954	-6 480	-6 480	0	-2 526	63,88
50 000	-1 702	-5 098	-5 098	0	-3 396	199,52
60 000	1 010	-3 042	-3 042	0	-4 052	401,18
70 000	4 520	-294	-302	-8	-4 822	106,68
80 000	7 844	2 544	2 506	-38	-5 338	68,05
90 000	11 068	5 612	5 526	-87	-5 542	50,07
100 000	14 352	8 633	8 479	-154	-5 873	40,92
110 000	17 770	11 839	11 597	-243	-6 173	34,74
120 000	21 283	15 196	14 843	-352	-6 440	30,25
150 000	32 478	26 091	25 296	-796	-7 182	22,11
180 000	45 135	38 378	36 957	-1 420	-8 177	18,11
250 000	80 247	70 974	67 483	-3 491	-12 764	15,90
500 000	220 038	189 670	178 266	-11 403	-41 772	18,98

Abdruck mit freundlicher Genehmigung des Bundesfinanzministeriums

Entlastung bei der Jahreslohnsteuer einschließlich SolZ durch Einführung eines geänderten Tarifs 2005 (Entschließung Bundesrat) und Einbeziehung der Verbesserung beim Kindergeld gegenüber 1998 für die Steuerklasse II/1

Jahres-bruttolohn	Gesamt-belastung (+) 1998	Gesamt-belastung (+) 2005 BT-Beschluss	Gesamt-belastung (+) 2005 Vermittlungs-vorschlag	Differenz (Sp. 4 – Sp. 3)	Entlastung (-) gegenüber 1998 (Sp. 4 – Sp. 2)	
DM	DM	DM	DM	DM	DM	
1	2	3	4	5	6	7
20 000	-2 640	-3 240	-3 240	0	-600	22,72
30 000	-1 302	-2 849	-2 849	0	-1 547	118,81
40 000	1 869	-459	-461	-2	-2 330	124,67
50 000	5 010	2 330	2 296	-34	-2 714	54,17
60 000	8 347	5 412	5 306	-106	-3 041	36,43
70 000	11 859	8 777	8 559	-218	-3 299	27,82
80 000	15 620	12 444	12 074	-370	-3 546	22,70
90 000	19 701	16 410	15 848	-562	-3 853	19,55
100 000	24 102	20 675	19 882	-793	-4 219	17,50
110 000	28 849	25 267	24 200	-1 067	-4 649	16,11
120 000	33 892	30 001	28 620	-1 380	-5 272	15,55
150 000	50 416	44 229	41 901	-2 328	-8 515	16,88
180 000	67 204	58 483	55 204	-3 278	-12 000	17,85
250 000	106 335	91 708	86 214	-5 494	-20 121	18,92
500 000	246 134	210 405	196 997	-13 407	-49 137	19,96

Entlastung bei der Jahreslohnsteuer einschließlich SolZ durch Einführung eines geänderten Tarifs 2005 (Entschließung Bundesrat) und Einbeziehung der Verbesserung beim Kindergeld gegenüber 1998 für die Steuerklasse I/0

Jahres-bruttolohn	Gesamt-belastung (+) 1998	Gesamt-belastung (+) 2005 BT-Beschluss	Gesamt-belastung (+) 2005 Vermittlungs-vorschlag	Differenz (Sp. 4 – Sp. 3)	Entlastung (-) gegenüber 1998 (Sp. 4 – Sp. 2)	
DM	DM	DM	DM	DM	DM	
1	2	3	4	5	6	7
20 000	-5 280	-6 480	-6 480	0	-1 200	22,72
30 000	-3 942	-6 089	-6 089	0	-2 147	54,46
40 000	-892	-3 699	-3 701	-2	-2 809	314,91
50 000	2 260	-1 064	-1 098	-34	-3 358	148,57
60 000	5 591	2 027	1 922	-105	-3 669	65,62
70 000	9 095	5 377	5 163	-214	-3 932	43,22
80 000	12 850	9 028	8 664	-364	-4 186	32,57
90 000	16 920	12 979	12 425	-554	-4 495	26,56
100 000	21 309	17 229	16 446	-783	-4 863	22,82
110 000	26 045	21 805	20 750	-1 055	-5 295	20,33
120 000	31 076	26 523	25 157	-1 366	-5 919	19,04
150 000	47 574	40 743	38 431	-2 311	-9 143	19,21
180 000	64 363	54 997	51 735	-3 262	-12 628	19,61
250 000	103 494	88 222	82 744	-5 477	-20 749	20,04
500 000	243 293	206 919	193 528	-13 391	-49 765	20,45

Abdruck mit freundlicher Genehmigung des Bundesfinanzministeriums

Tarifentlastungen durch das Steuersenkungsgesetz (Entschließung Bundesrat) für das Jahr 2005 im Vergleich zu 1998

Beispiele

Berechnung für Tarif 42

Selbstständige

- Ein **lediger Musiker** mit einem zu versteuernden Einkommen von 50 000 DM

  wurde 1998 durch Einkommensteuer und Solidaritätszuschlag mit 11 647 DM

  belastet. Nach dem Vermittlungsvorschlag für das Steuersenkungsgesetz würde er im Jahr 2005 gegenüber 1998 um **2 494 DM**

  bzw. 21 v.H.

  entlastet. Die verbleibende Steuerschuld 2005 beträgt 9 153 DM

- Ein **verheirateter Steuerbevollmächtigter mit zwei Kindern** und einem zu versteuernden Einkommen von 70 000 DM

  wurde 1998 durch Einkommensteuer und Solidaritätszuschlag[1] mit 7 880 DM

  belastet. Nach dem Vermittlungsvorschlag für das Steuersenkungsgesetz würde er im Jahr 2005 gegenüber 1998 um **5 355 DM**

  bzw. 68 v.H.

  entlastet. Die verbleibende Steuerschuld 2005 beträgt 2 525 DM

1) nach Abzug von Kindergeld

noch: Beispiele

■ Eine **verheiratete Rechtsanwältin** (ohne Kinder) mit einem zu versteuernden Einkommen von	100 000 DM
wurde 1998 durch Einkommensteuer und Solidaritätszuschlag mit	23 294 DM
belastet. Nach dem Vermittlungsvorschlag für das Steuersenkungsgesetz würde sie im Jahr 2005 gegenüber 1998 um	**4 988 DM**
bzw.	21 v.H.
entlastet. Die verbleibende Steuerschuld 2005 beträgt	18 306 DM
■ Eine **ledige Architektin** mit einem zu versteuernden Einkommen von	150 000 DM
wurde 1998 durch Einkommensteuer und Solidaritätszuschlag mit	59 749 DM
belastet. Nach dem Vermittlungsvorschlag für das Steuersenkungsgesetz würde sie im Jahr 2005 gegenüber 1998 um	**9 620 DM**
bzw.	16 v.H.
entlastet. Die verbleibende Steuerschuld 2005 beträgt	50 129 DM
■ Ein **verheirateter Zahnarzt mit zwei Kindern** und einem zu versteuernden Einkommen von	250 000 DM
wurde 1998 durch Einkommensteuer und Solidaritätszuschlag[2] mit	83 820 DM

2) nach Abzug von Kindergeld

noch: Beispiele

belastet. Nach dem Vermittlungsvorschlag für das Steuersenkungsgesetz würde er im Jahr 2005 gegenüber 1998 um **14 523 DM**

bzw. 17 v.H.

entlastet. Die verbleibende Steuerschuld 2005 beträgt 69 297 DM

- Ein **verheirateter Wirtschaftsprüfer** mit einem zu versteuernden Einkommen von 500 000 DM

  wurde 1998 durch Einkommensteuer und Solidaritätszuschlag mit 231 336 DM

  belastet. Nach dem Vermittlungsvorschlag für das Steuersenkungsgesetz würde er im Jahr 2005 gegenüber 1998 um **42 451 DM**

  bzw. 18 v.H.

  entlastet. Die verbleibende Steuerschuld 2005 beträgt 188 885 DM

- Eine **verheiratete Chefärztin** mit einem zu versteuernden Einkommen von 1 000 000 DM

  wurde 1998 durch Einkommensteuer und Solidaritätszuschlag mit 510 934 DM

  belastet. Nach dem Vermittlungsvorschlag für das Steuersenkungsgesetz würde sie im Jahr 2005 gegenüber 1998 um **100 480 DM**

  bzw. 20 v.H.

  entlastet. Die verbleibende Steuerschuld 2005 beträgt 410 454 DM

noch: Beispiele

Personenunternehmen

- Ein **alleinstehender Kioskbetreiber** mit einem Gewinn vor Steuern von 40 000 DM

  wurde 1998 durch Gewerbesteuer, Einkommensteuer und Solidaritätszuschlag mit 8 289 DM

  belastet. Nach dem Vermittlungsvorschlag für das Steuersenkungsgesetz würde er im Jahr 2005 gegenüber 1998 um **2 158 DM**

  bzw. rund 26 v.H.

  entlastet. Die verbleibende Steuerschuld 2005 beträgt 6 131 DM

- Ein **verheirateter Bäckermeister** mit einem Gewinn vor Steuern von 70 000 DM

  wurde 1998 durch Gewerbesteuer, Einkommensteuer und Solidaritätszuschlag mit 13 953 DM

  belastet. Nach dem Vermittlungsvorschlag für das Steuersenkungsgesetz würde er im Jahr 2005 gegenüber 1998 um **4 307 DM**

  bzw. rund 31 v.H.

  entlastet. Die verbleibende Steuerschuld 2005 beträgt 9 646 DM

- Ein **verheirateter Malermeister** mit einem Gewinn vor Steuern von 90 000 DM

  wurde 1998 durch Gewerbesteuer, Einkommensteuer und Solidaritätszuschlag mit 21 362 DM

noch: Beispiele

belastet. Nach dem Vermittlungsvorschlag für das Steuersenkungsgesetz würde er im Jahr 2005 gegenüber 1998 um **5 641 DM**

bzw. rund 26 v.H.

entlastet. Die verbleibende Steuerschuld 2005 beträgt 15 721 DM

- Ein **alleinstehender Gebrauchtwagenhändler** mit einem Gewinn vor Steuern von 100 000 DM

  wurde 1998 durch Gewerbesteuer, Einkommensteuer und Solidaritätszuschlag mit 33 977 DM

  belastet. Nach dem Vermittlungsvorschlag für das Steuersenkungsgesetz würde er im Jahr 2005 gegenüber 1998 um **5 716 DM**

  bzw. rund 17 v.H.

  entlastet. Die verbleibende Steuerschuld 2005 beträgt 28 261 DM

- Ein **verheirateter Inhaber eines Elektroinstallateurbetriebes** samt Einzelhandelsgeschäft und mit einem Gewinn vor Steuern von 150 000 DM

  wurde 1998 durch Gewerbesteuer, Einkommensteuer und Solidaritätszuschlag mit 47 513 DM

  belastet. Nach dem Vermittlungsvorschlag für das Steuersenkungsgesetz würde er im Jahr 2005 gegenüber 1998 um **10 526 DM**

  bzw. rund 22 v.H.

  entlastet. Die verbleibende Steuerschuld 2005 beträgt 36 987 DM

noch: Beispiele

- Eine **verheiratete Inhaberin eines Tiefbaubetriebs** mit einem Gewinn vor Steuern von 250 000 DM

  wurde 1998 durch Gewerbesteuer, Einkommensteuer und Solidaritätszuschlag mit 102 628 DM

  belastet. Nach dem Vermittlungsvorschlag für das Steuersenkungsgesetz würde sie im Jahr 2005 gegenüber 1998 um **22 390 DM**

  bzw. rund 22 v.H.

  entlastet. Die verbleibende Steuerschuld 2005 beträgt 80 238 DM

- Ein **lediger Inhaber eines Maschinenbaubetriebs** mit einem Gewinn vor Steuern von 500 000 DM

  wurde 1998 durch Gewerbesteuer, Einkommensteuer und Solidaritätszuschlag mit 264 719 DM

  belastet. Nach dem Vermittlungsvorschlag für das Steuersenkungsgesetz würde er im Jahr 2005 gegenüber 1998 um **53 969 DM**

  bzw. rund 20 v.H.

  entlastet. Die verbleibende Steuerschuld 2005 beträgt 210 750 DM

- Eine **verheiratete Inhaberin eines Software-Systemhauses** mit einem Gewinn vor Steuern von 800 000 DM

  wurde 1998 durch Gewerbesteuer, Einkommensteuer und Solidaritätszuschlag mit 421 562 DM

noch: Beispiele

belastet. Nach dem Vermittlungsvorschlag für das Steuersenkungsgesetz würde sie im Jahr 2005 gegenüber 1998 um **90 084 DM**

bzw. rund 21 v.H.

entlastet. Die verbleibende Steuerschuld 2005 beträgt 331 478 DM

Arbeitnehmer

- Eine **ledige Fachverkäuferin** mit einem Jahresbruttoverdienst von 40 000 DM

  wurde 1998 durch Lohnsteuer und Solidaritätszuschlag mit 6 367 DM

  belastet. Nach dem Vermittlungsvorschlag für das Steuersenkungsgesetz würde sie im Jahr 2005 gegenüber 1998 um **1 930 DM**

  bzw. 30 v.H.

  entlastet. Die verbleibende Steuerschuld 2005 beträgt 4 437 DM

- Ein **verheirateter Schlosser mit zwei Kindern** und einem Jahresbruttoverdienst von 60 000 DM

  wurde 1998 durch Lohnsteuer und Solidaritätszuschlag[3] mit 1 010 DM

  belastet. Nach dem Vermittlungsvorschlag für das Steuersenkungsgesetz würde er im Jahr 2005 gegenüber 1998 um **4 052 DM**

  bzw. - v.H.

  entlastet. Die verbleibende Steuerschuld 2005[3] beträgt - 3 042 DM

3) nach Abzug von Kindergeld

noch: Beispiele

- Ein **verheirateter Biologe** mit einem Jahresbruttoverdienst von 80 000 DM

  wurde 1998 durch Lohnsteuer und Solidaritätszuschlag mit 13 348 DM

  belastet. Nach dem Vermittlungsvorschlag für das Steuersenkungsgesetz würde er im Jahr 2005 gegenüber 1998 um **3 935 DM**

  bzw. 30 v.H.

  entlastet. Die verbleibende Steuerschuld 2005 beträgt 9 413 DM

- Eine **ledige leitende Angestellte** mit einem Jahresbruttoverdienst von 120 000 DM

  wurde 1998 durch Lohnsteuer und Solidaritätszuschlag mit 39 698 DM

  belastet. Nach dem Vermittlungsvorschlag für das Steuersenkungsgesetz würde sie im Jahr 2005 gegenüber 1998 um **5 504 DM**

  bzw. 14 v.H.

  entlastet. Die verbleibende Steuerschuld 2005 beträgt 34 194 DM

- Ein **verheirateter Geschäftsführer** einer Brauerei mit einem Jahresbruttoverdienst von 180 000 DM

  wurde 1998 durch Lohnsteuer und Solidaritätszuschlag mit 50 729 DM

noch: Beispiele

belastet. Nach dem Vermittlungsvorschlag für das Steuersenkungsgesetz würde er im Jahr 2005 gegenüber 1998 um	**7 375 DM**
bzw.	15 v.H.
entlastet. Die verbleibende Steuerschuld 2005 beträgt	43 354 DM

8. Lohnsteuer-Entlastung gegenüber 2000

Wie sich die Entlastung bei der Lohnsteuer in den Jahren bis 2005 gegenüber dem Jahr 2000 auswirkt, wird im Folgenden dargestellt. Anhand der Übersicht können Sie zumindest tendenziell für jeden einzelnen Arbeitnehmer ablesen, wie er in Zukunft steuerlich entlastet wird.

Entlastung (-) bei der Lohnsteuer und beim Solidaritätszuschlag jeweils gegenüber 2000 bei laufender Lohnsteuerzahlung[1)]

Alleinstehender Arbeitnehmer ohne Kinder (Steuerklasse I/0)

Jahres-brutto-lohn	Steuer-belastung 2000	Steuerliche Entlastung (-) jeweils gegenüber 2000 im Jahre							
		2001		2002[2)]		2003/2004[2)]		2005[2)]	
DM	DM	DM	v. H.	DM	v. H.	DM	v. H.	DM	v. H.
20 000	99	-99	100,00	-99	100,00	-99	100,00	-99	100,00
25 000	1 119	-244	21,81	-267	23,86	-466	41,64	-613	54,78
30 000	2 498	-416	16,67	-442	17,68	-783	31,36	-1 006	40,28
35 000	4 133	-486	11,77	-504	12,20	-841	20,34	-1 140	27,59
40 000	5 753	-595	10,34	-612	10,64	-950	16,50	-1 323	23,00
45 000	7 347	-691	9,41	-715	9,74	-1 046	14,23	-1 504	20,48
50 000	8 994	-782	8,69	-797	8,86	-1 137	12,65	-1 692	18,82
55 000	10 730	-870	8,11	-893	8,32	-1 227	11,43	-1 892	17,63
60 000	12 537	-953	7,60	-982	7,83	-1 310	10,45	-2 098	16,74
65 000	14 394	-1 030	7,15	-1 051	7,30	-1 387	9,64	-2 314	16,07
70 000	16 343	-1 104	6,75	-1 132	6,93	-1 462	8,95	-2 539	15,54
75 000	18 341	-1 172	6,39	-1 191	6,49	-1 531	8,35	-2 771	15,11
80 000	20 431	-1 236	6,05	-1 263	6,18	-1 595	7,81	-3 014	14,75
85 000	22 593	-1 297	5,74	-1 303	5,77	-1 656	7,33	-3 267	14,46
90 000	24 801	-1 351	5,45	-1 376	5,55	-1 712	6,90	-3 526	14,22
95 000	27 104	-1 402	5,17	-1 438	5,31	-1 764	6,51	-3 794	14,00
100 000	29 451	-1 446	4,91	-1 469	4,99	-1 808	6,14	-4 070	13,82
120 000	39 628	-1 647	4,16	-1 653	4,17	-2 155	5,44	-5 448	13,75
140 000	50 377	-2 173	4,31	-2 208	4,38	-2 998	5,95	-7 346	14,58
160 000	61 128	-2 701	4,42	-2 726	4,46	-3 840	6,28	-9 242	15,12
180 000	71 907	-3 228	4,49	-3 237	4,50	-4 685	6,52	-11 144	15,50
200 000	82 657	-3 756	4,54	-3 793	4,59	-5 530	6,69	-13 041	15,78

Anmerkungen:

1) Tarife gemäß StSenkG bzw. für 2005 gemäß Entschließung Bundesrat.
2) Ab 2002 Umrechnung des Euro-Tarifs in DM.

Entlastung (-) bei der Lohnsteuer und beim Solidaritätszuschlag jeweils gegenüber 2000 bei laufender Lohnsteuerzahlung[1)]

Alleinstehender Arbeitnehmer mit 1 Kind (Steuerklasse II/1)

Jahres-brutto-lohn	Steuer-belastung 2000[2)]	Steuerliche Entlastung (-) jeweils gegenüber 2000 im Jahre							
		2001		2002[3)]		2003/2004[3)]		2005[3)]	
DM	DM	DM	v. H.	DM	v. H.	DM	v. H.	DM	v. H.
20 000	0	0	0,00	0	0,00	0	0,00	0	0,00
25 000	0	0	0,00	0	0,00	0	0,00	0	0,00
30 000	943	-228	24,18	-251	26,62	-427	45,28	-558	59,17
35 000	2 388	-347	14,53	-368	15,41	-673	28,18	-896	37,52
40 000	3 871	-484	12,51	-504	13,02	-820	21,19	-1 102	28,47
45 000	5 461	-575	10,53	-603	11,05	-929	17,02	-1 323	24,22
50 000	7 024	-671	9,56	-690	9,83	-1 027	14,62	-1 467	20,89
55 000	8 676	-765	8,81	-792	9,13	-1 120	12,91	-1 656	19,08
60 000	10 397	-853	8,21	-864	8,31	-1 209	11,63	-1 853	17,82
65 000	12 172	-937	7,70	-962	7,91	-1 293	10,62	-2 057	16,90
70 000	14 035	-1 016	7,24	-1 025	7,30	-1 372	9,78	-2 271	16,18
75 000	15 949	-1 090	6,83	-1 113	6,98	-1 447	9,07	-2 493	15,63
80 000	17 955	-1 160	6,46	-1 192	6,64	-1 518	8,46	-2 726	15,18
85 000	20 032	-1 224	6,11	-1 238	6,18	-1 583	7,90	-2 967	14,81
90 000	22 157	-1 285	5,80	-1 315	5,94	-1 646	7,43	-3 217	14,52
95 000	24 374	-1 341	5,50	-1 353	5,55	-1 700	6,97	-3 475	14,25
100 000	26 639	-1 391	5,22	-1 419	5,33	-1 752	6,58	-3 740	14,04
120 000	36 477	-1 552	4,25	-1 567	4,30	-1 967	5,39	-4 946	13,56
140 000	47 162	-2 016	4,27	-2 024	4,29	-2 745	5,82	-6 778	14,37
160 000	57 912	-2 543	4,39	-2 577	4,45	-3 589	6,20	-8 675	14,98
180 000	68 691	-3 071	4,47	-3 089	4,50	-4 433	6,45	-10 577	15,40
200 000	79 442	-3 599	4,53	-3 609	4,54	-5 277	6,64	-12 473	15,70

Abdruck mit freundlicher Genehmigung des Bundesfinanzministeriums

Anmerkungen:

1) Tarife gemäß StSenkG bzw. für 2005 gemäß Entschließung Bundesrat. Bei der Berechnung des SolZ wurde ein Kinderfreibetrag von 6 912 DM berücksichtigt.
2) Ohne Einbeziehung von Kindergeld.
3) Ab 2002 Umrechnung des Euro-Tarifs in DM.

Entlastung (-) bei der Lohnsteuer und beim Solidaritätszuschlag jeweils gegenüber 2000 bei laufender Lohnsteuerzahlung[1)]

Verheirateter Arbeitnehmer ohne Kinder (Steuerklasse III/0)

Jahres-bruttolohn	Steuer-belastung 2000	Steuerliche Entlastung (-) jeweils gegenüber 2000 im Jahre							
		2001		2002[2)]		2003/2004[2)]		2005[2)]	
DM	DM	DM	v. H.	DM	v. H.	DM	v. H.	DM	v. H.
20 000	0	0	0,00	0	0,00	0	0,00	0	0,00
25 000	0	0	0,00	0	0,00	0	0,00	0	0,00
30 000	0	0	0,00	0	0,00	0	0,00	0	0,00
35 000	0	0	0,00	0	0,00	0	0,00	0	0,00
40 000	652	-314	48,16	-328	50,31	-535	82,06	-652	100,00
45 000	1 644	-430	26,16	-448	27,25	-796	48,42	-1 038	63,14
50 000	2 730	-530	19,41	-536	19,63	-1 021	37,40	-1 350	49,45
55 000	4 078	-702	17,21	-718	17,60	-1 317	32,29	-1 724	42,27
60 000	5 585	-848	15,18	-890	15,93	-1 631	29,21	-2 151	38,52
65 000	7 130	-890	12,49	-940	13,18	-1 600	22,45	-2 204	30,91
70 000	8 843	-1 011	11,43	-1 040	11,76	-1 721	19,46	-2 344	26,51
75 000	10 573	-1 129	10,68	-1 182	11,18	-1 838	17,38	-2 543	24,05
80 000	12 111	-1 226	10,12	-1 250	10,32	-1 919	15,84	-2 699	22,28
85 000	13 719	-1 325	9,66	-1 351	9,85	-2 037	14,85	-2 899	21,13
90 000	15 327	-1 418	9,25	-1 457	9,51	-2 130	13,90	-3 080	20,09
95 000	16 971	-1 511	8,90	-1 516	8,93	-2 206	13,00	-3 254	19,17
100 000	18 648	-1 599	8,58	-1 617	8,67	-2 290	12,28	-3 441	18,45
120 000	25 791	-1 937	7,51	-1 988	7,71	-2 652	10,28	-4 282	16,60
140 000	33 458	-2 237	6,68	-2 285	6,83	-2 954	8,83	-5 170	15,45
160 000	41 687	-2 496	5,99	-2 540	6,09	-3 214	7,71	-6 123	14,69
180 000	50 482	-2 722	5,39	-2 760	5,47	-3 420	6,78	-7 131	14,13
200 000	59 840	-2 912	4,87	-2 940	4,91	-3 608	6,03	-8 226	13,75

Abdruck mit freundlicher Genehmigung des Bundesfinanzministeriums

Anmerkungen:

1) Tarife gemäß StSenkG bzw. für 2005 gemäß Entschließung Bundesrat.
2) Ab 2002 Umrechnung des Euro-Tarifs in DM.

Entlastung (-) bei der Lohnsteuer und beim Solidaritätszuschlag jeweils gegenüber 2000 bei laufender Lohnsteuerzahlung[1)]

Verheirateter Arbeitnehmer mit 1 Kind (Steuerklasse III/1)

Jahres-bruttolohn	Steuerbelastung 2000[2)]	Steuerliche Entlastung (-) jeweils gegenüber 2000 im Jahre							
		2001		2002[3)]		2003/2004[3)]		2005[3)]	
DM	DM	DM	v. H.	DM	v. H.	DM	v. H.	DM	v. H.
20 000	0	0	0,00	0	0,00	0	0,00	0	0,00
25 000	0	0	0,00	0	0,00	0	0,00	0	0,00
30 000	0	0	0,00	0	0,00	0	0,00	0	0,00
35 000	0	0	0,00	0	0,00	0	0,00	0	0,00
40 000	652	-314	48,16	-328	50,31	-535	82,06	-652	100,00
45 000	1 644	-430	26,16	-448	27,25	-796	48,42	-1 038	63,14
50 000	2 730	-530	19,41	-536	19,63	-1 021	37,40	-1 350	49,45
55 000	4 010	-634	15,81	-650	16,21	-1 249	31,15	-1 656	41,30
60 000	5 294	-734	13,86	-769	14,53	-1 387	26,20	-1 860	35,13
65 000	7 002	-985	14,06	-1 040	14,86	-1 761	25,15	-2 285	32,63
70 000	8 737	-1 003	11,48	-1 032	11,82	-1 727	19,77	-2 421	27,71
75 000	10 465	-1 121	10,72	-1 174	11,22	-1 830	17,49	-2 530	24,18
80 000	12 000	-1 219	10,16	-1 243	10,36	-1 912	15,93	-2 686	22,38
85 000	13 606	-1 318	9,69	-1 344	9,88	-2 030	14,92	-2 886	21,21
90 000	15 211	-1 411	9,28	-1 450	9,53	-2 123	13,96	-3 066	20,16
95 000	16 852	-1 504	8,93	-1 509	8,96	-2 199	13,05	-3 240	19,23
100 000	18 527	-1 593	8,60	-1 611	8,69	-2 284	12,33	-3 428	18,50
120 000	25 659	-1 931	7,53	-1 982	7,72	-2 646	10,31	-4 267	16,63
140 000	33 317	-2 231	6,70	-2 280	6,84	-2 949	8,85	-5 153	15,47
160 000	41 536	-2 492	6,00	-2 536	6,10	-3 209	7,73	-6 106	14,70
180 000	50 320	-2 718	5,40	-2 756	5,48	-3 416	6,79	-7 112	14,13
200 000	59 667	-2 909	4,87	-2 937	4,92	-3 605	6,04	-8 206	13,75

Anmerkungen:

1) Tarife gemäß StSenkG bzw. für 2005 gemäß Entschließung Bundesrat. Bei der Berechnung des SolZ wurde ein Kinderfreibetrag von 6 912 DM berücksichtigt.
2) Ohne Einbeziehung von Kindergeld.
3) Ab 2002 Umrechnung des Euro-Tarifs in DM.

Entlastung (-) bei der Lohnsteuer und beim Solidaritätszuschlag jeweils gegenüber 2000 bei laufender Lohnsteuerzahlung[1)]

Verheirateter Arbeitnehmer mit 2 Kindern (Steuerklasse III/2)

Jahres-bruttolohn	Steuer-belastung 2000[2)]	Steuerliche Entlastung (-) jeweils gegenüber 2000 im Jahre							
		2001		2002[3)]		2003/2004[3)]		2005[3)]	
DM	DM	DM	v. H.	DM	v. H.	DM	v. H.	DM	v. H.
20 000	0	0	0,00	0	0,00	0	0,00	0	0,00
25 000	0	0	0,00	0	0,00	0	0,00	0	0,00
30 000	0	0	0,00	0	0,00	0	0,00	0	0,00
35 000	0	0	0,00	0	0,00	0	0,00	0	0,00
40 000	652	-314	48,16	-328	50,31	-535	82,06	-652	100,00
45 000	1 644	-430	26,16	-448	27,25	-796	48,42	-1 038	63,14
50 000	2 730	-530	19,41	-536	19,63	-1 021	37,40	-1 350	49,45
55 000	4 010	-634	15,81	-650	16,21	-1 249	31,15	-1 656	41,30
60 000	5 294	-734	13,86	-769	14,53	-1 387	26,20	-1 860	35,13
65 000	6 758	-844	12,49	-891	13,18	-1 517	22,45	-2 041	30,20
70 000	8 569	-1 094	12,77	-1 127	13,15	-1 818	21,21	-2 409	28,11
75 000	10 360	-1 114	10,75	-1 166	11,26	-1 880	18,15	-2 648	25,56
80 000	11 893	-1 211	10,19	-1 235	10,39	-1 905	16,01	-2 674	22,48
85 000	13 495	-1 311	9,71	-1 337	9,90	-2 023	14,99	-2 874	21,29
90 000	15 098	-1 404	9,30	-1 443	9,56	-2 116	14,01	-3 054	20,22
95 000	16 737	-1 497	8,95	-1 502	8,98	-2 192	13,10	-3 227	19,28
100 000	18 409	-1 586	8,62	-1 604	8,71	-2 277	12,37	-3 414	18,55
120 000	25 531	-1 925	7,54	-1 975	7,74	-2 640	10,34	-4 252	16,66
140 000	33 179	-2 226	6,71	-2 274	6,85	-2 943	8,87	-5 137	15,48
160 000	41 387	-2 487	6,01	-2 531	6,11	-3 204	7,74	-6 088	14,71
180 000	50 161	-2 714	5,41	-2 751	5,48	-3 412	6,80	-7 093	14,14
200 000	59 499	-2 905	4,88	-2 933	4,93	-3 602	6,05	-8 186	13,76

Abdruck mit freundlicher Genehmigung des Bundesfinanzministeriums

Anmerkungen:

1) Tarife gemäß StSenkG bzw. für 2005 gemäß Entschließung Bundesrat. Bei der Berechnung des SolZ wurde ein Kinderfreibetrag von 6 912 DM berücksichtigt.
2) Ohne Einbeziehung von Kindergeld.
3) Ab 2002 Umrechnung des Euro-Tarifs in DM.

Literaturhinweise

Breithecker, Volker/Klapdor, Ralf/Zisowski, Ute: Unternehmenssteuerreform, Schmidt

Erle, Bernd/Sauter, Eberhard: Reform der Unternehmensbesteuerung, Schmidt

Hamberger, Karl/Barner, Frank: Steuersparbuch für Freiberufler und Selbstständige, Walhalla

Koch, Irmelind R.: Arbeitszimmer, Walhalla

Koschmieder, Kurt-Dieter: Unternehmensbesteuerung, Schäffer-Poeschel

Mannek, Wilfried: Wirkungsvoller Einspruch beim Finanzamt, Walhalla

NWB Steuerrecht aktuell: Verlag Neue Wirtschaftsbriefe

Rupp, Thomas: Unternehmenssteuerreform 2001, Luchterhand

Schaumburg, Harald/Rödder, Thomas: Unternehmenssteuerreform 2001, Beck

Stichwortverzeichnis

Stichwortverzeichnis